Wilhelm Butzler

Preussische Feldherren und Helden

Kurzgefasste Lebensbilder sämtlicher Heerführer, deren Namen preussische

Regimenter tragen

Wilhelm Butzler

Preussische Feldherren und Helden
Kurzgefasste Lebensbilder sämtlicher Heerführer, deren Namen preussische Regimenter tragen

ISBN/EAN: 9783742894571

Hergestellt in Europa, USA, Kanada, Australien, Japan

Cover: Foto ©ninafisch / pixelio.de

Manufactured and distributed by brebook publishing software (www.brebook.com)

Wilhelm Butzler

Preussische Feldherren und Helden

Preußische Feldherren und Helden.

Kurzgefaßte Lebensbilder sämtlicher Heerführer, deren
Namen preußische Regimenter tragen.

———

Als Beitrag zur vaterländischen Geschichte

von

Wilhelm Bußler,
Militär-Oberpfarrer des 16. Armeecorps.

———

4. Band.

———◆———

Gotha,
Gustav Schloeßmann.
1896.

Vorwort.

Hiermit übergebe ich dem Druck den vierten und letzten Band der Lebensbilder preußischer Feldherren und Helden. Die Mühe und Arbeit, welche das Werk gekostet, wird reichlich aufgewogen durch die Freude, die ich an der Abfassung selbst wie durch die günstige Beurteilung der drei ersten Bände empfunden habe. Das Buch ist aufgenommen als das, was es sein soll, nicht ein kriegsgeschichtliches Werk von militärwissenschaftlicher Bedeutung, sondern ein schlichter Beitrag zur vaterländischen Geschichte, wie sich dieselbe spiegelt in unsrer Heeresgeschichte und namentlich in den Lebensbildern unsrer genialen Heerführer.

Wenn der vierte Band etwas weniger umfangreich ausgefallen ist als die drei ersten, so hat dies darin seinen Grund, daß die in demselben behandelten preußischen Generale nicht eigentliche Heerführer, sondern mehr Organisatoren in ihrer Spezialwaffe waren, deren Verdienste auf diesem Gebiete sich in kürzerer Form hervorheben ließen.

Metz, im Juli 1896.

Der Verfasser.

Inhaltsübersicht.

Prinz August von Preußen.

Ich will die besonders hohen Verdienste, welche sich der Prinz August von Preußen auf den Schlachtfeldern als Truppenführer und im Frieden als Organisator und Bildner der Artillerie erworben hat, dadurch ehren, daß Ich dem Ostpreußischen Feld-Artillerie-Regiment Nr. 1 den Namen Feld-Artillerie-Regiment Prinz August von Preußen (Ostpreußisches) Nr. 1 verleihe. Ich vertraue zu dem allezeit bewährten Regimente, daß es fortfahren wird, durch Tapferkeit und treueste Erfüllung seiner Pflichten sich die gerechten Ansprüche auf den Dank von König und Vaterland zu erhalten.

Berlin, den 27. Januar 1889.

gez. Wilhelm R.

Friedrich Wilhelm Heinrich August von Preußen war der jüngste Sohn des am 2. Mai 1813 verstorbenen Prinzen Ferdinand, eines Bruders Friedrichs des Großen, und der am 10. Februar 1820 verstorbenen Prinzessin Anna Elisabeth Louise, Tochter des Markgrafen Friedrich Wilhelm zu Brandenburg-Schwedt. Er wurde am 19. September 1779 geboren in dem nur eine Meile von Berlin entfernten Königlichen Schlosse zu Friedrichsfelde, der Sommerresidenz seiner Eltern. Friedrich der Große hielt seinen Neffen selbst über die Taufe. — Bereits im siebenten Lebensjahre erhielt er vom König Friedrich Wilhelm II. unmittelbar nach dessen Thronbesteigung den hohen Orden vom Schwarzen Adler.

Die Erziehung des jungen Prinzen leitete der Prediger Molière aus Genf, die militärische Ausbildung wurde dem Major von Wartenberg übertragen. Mit 18 Jahren wurde der Prinz als Hauptmann dem Infanterie-Regiment Alt-Larisch (Nr. 26) aggregiert und erhielt 1803, also 24 Jahre alt, als Major in das Regiment Arnim versetzt, das Grenadier-Bataillon, das in Berlin stand und bis dahin vom Major Kleist — dem spätern Feldmarschall Grafen Kleist von Nollendorf — geführt worden war. Der Prinzliche Bataillons-Commandeur verstand es, die ihm anvertraute Truppe zu einer ganz hervorragenden Leistungsfähigkeit heranzubilden, so daß man in den militärischen Kreisen mit Recht glaubte, große Hoffnungen für die Zukunft an seine Tüchtigkeit knüpfen zu können.

Als Napoleon in seinem Übermut sich die bekannten Rücksichtslosigkeiten gegen Preußen erlaubte, gehörte Prinz August gleich seinem Bruder Louis Ferdinand zur Kriegspartei. — Nach erfolgter Kriegserklärung marschierte er als Oberstleutnant

1*

an der Spitze seines Bataillons nach Thüringen. Als persön-
licher Adjutant begleitete ihn Hauptmann von Clausewitz, der
später berühmt gewordene militärische Schriftsteller. — Schon
am 11. Oktober erhielt er in Tennstädt bei Weimar die Nachricht vom dem Tode seines geliebten Bruders, des Prinzen
Louis, der am Tage vorher bei Saalfeld gefallen war. Prinz
August war mit seinem Bataillon dem Reservecorps des Generals
Grafen Kalkreuth zugeteilt, das in der Nacht zum 14. etwa
eine halbe Stunde rückwärts von Auerstädt biwakierte. Bald
nach Beginn der Schlacht bei Auerstädt kam auch der Prinz
ins Gefecht. Es wurde ihm nämlich vom König selbst das
Kommando über mehrere Bataillone übergeben, welche in einiger
Entfernung v o r der Reserve standen. Mit diesen sollte der
Prinz die fechtenden Truppen unterstützen. Er konnte freilich
diese Bataillone nur noch dazu benutzen, den Rückzug der Armee
auf Auerstädt zu decken, eine Aufgabe, die er mit bewunderns-
würdiger Umsicht und ohne jede Rücksichtnahme auf die eigne
Person löste. Er erhielt zwei Kontusionen durch Kartätsch- und
Gewehrkugeln. Sein Pferd hatte zwei Schüsse im Halse.

Auf dem Marsch nach der Oder focht der Prinz mit seinem
Bataillon meist in der Arrièregarde. Als er eines Tages aus
dem Munde einiger höheren Führer, die sich durch die Auflösung der Armee und durch den Mangel an Nahrung hatten
entmutigen lassen, das Wort „Kapitulation" hörte, erklärte er
mit Heftigkeit, solange er, ein Königlicher Prinz, gegenwärtig
sei, verbäte er sich, etwas von Kapitulation zu hören; und als
in demselben Augenblick General von Blücher erschien, wandte
er sich an diesen mit den Worten: „Was meinen Sie, Blücher,
ich denke, wenn man 12 000 Preußen bei sich hat, kann man
sich wohl noch schlagen." Der General stimmte dem Prinzen
ohne weiteres zu, erklärte indessen, daß man nach dem Königlichen Befehle allerdings die Feindseligkeiten nicht zuerst beginnen könne, bei einem Angriff des Feindes aber sich selbst-
verständlich schlagen müsse.

Am 28. Oktober gelangte der Prinz nach vielen mit großer

Kaltblütigkeit ertragenen Beschwerden und Gefahren in die Gegend von Prenzlau. Bei dem Dorfe Güstow sah er plötzlich den Oberst von Massenbach, General-Quartiermeister des Fürsten Hohenlohe, mit einem französischen Offizier reiten; es war der vom Marschall Lannes abgesandte Parlamentär, der über die Kapitulation der Hohenloheschen Truppen unterhandeln sollte.

Aufs Äußerste befremdet ritt der Prinz heran und erhielt auf die Bitte um Aufklärung vom Oberst die Antwort: „Gnädigster Herr, jetzt ist nicht Zeit zum Fragen, jetzt ist Zeit zum Handeln". „Eh bien, da bin ich der Mann dazu", erwiderte kurz der Prinz, und ließ den Oberst reiten.

Mit seinem etwa noch 240 Mann starken Bataillon, jeder sonstigen Unterstützung entbehrend, kam der Prinz in die äußerste Bedrängnis. Seine letzte Hoffnung setzte er auf den Mut seiner braven Grenadiere. Während dieselben längs der Ucker marschierten, formierte sich plötzlich im Rücken des Bataillons die feindliche Dragoner-Division Beaumont, 5 Regimenter und etwa 2000 Pferde stark. Der Prinz empfahl den Offizieren, nicht den Kopf zu verlieren und nicht früher als auf 20 Schritte feuern zu lassen. Als die französischen Dragoner im Galopp anrückten, ließ der Prinz Karree formieren; seine Befehle wurden so exakt ausgeführt, daß die feindlichen Reiter stark dezimiert das Weite suchten. Nach fortgesetztem Marsche erfolgten hintereinander noch sechs Angriffe immer gegen drei Seiten des Bataillons, da die vierte meist durch Moräste an der Ucker gedeckt war; jedesmal wurde der Feind durch das präzise Feuer der Grenadiere abgewiesen.

Nunmehr warf sich der Prinz mit dem ihm noch gebliebenen Häuflein in die Uckerbrüche und beschloß den durch dieselben führenden Damm aufzusuchen, um sich so noch besser gegen die feindlichen Angriffe zu sichern. Als aber seine Leute vor Ermattung nicht mehr weiter konnten, zum Teil auch stecken blieben und außerdem die Munition ausging, der Prinz selbst einigemal dem Ertrinken nahe war, sah er schließlich keine andere Möglichkeit, als sich zu ergeben. Nachdem er, um sich vor Mißhandlungen zu schützen, den vorher abgelegten Stern des Schwarzen Adlerordens wieder an der Brust befestigt hatte, ergab er sich den feindlichen Dragonern. Ein französischer Offizier bat den Prinzen, den wenigen Grenadieren, die noch in der nächsten Nähe zerstreut waren, zu befehlen, nicht mehr zu schießen. Diese Aufforderung lehnte er jedoch mit den Worten ab: „Diese Leute sind glücklicher als ich und stehen nicht mehr unter dem Befehl eines Gefangenen; ich kann mich nur freuen, wenn sie sich wie brave Soldaten wehren."

Der Prinz Murat, der den hohen Gefangenen mit großer Höflichkeit empfing, schickte ihn noch in derselben Nacht nach Berlin zum Kaiser Napoleon. Dieser kündigte ihm nach kurzer Unterredung an, daß er bei seinen Eltern in Berlin bleiben dürfe. Aber schon in der Nacht zum ersten Weihnachtsfeiertage wurde er von einem französischen Kapitän geweckt und ihm der Befehl erteilt, auf einem bereitgehaltenen Wagen sofort nach Nancy abzureisen. In dieser Stadt blieb er bis zum 3. März 1807. Auf Befehl Napoleons sollte er sich eine von drei vorgeschlagenen, mehr im Innern Frankreichs liegenden Festungen zum Aufenthalt wählen. Er entschied sich für Soissons, wo er bis zum Frieden von Tilsit blieb. Im März 1808 begab er sich nach Königsberg zum König.

Das gesamte preußische Heerwesen wurde nunmehr einer gründlichen Reorganisation unterzogen. Infolge derselben ernannte der König mittels Kabinettsordre vom 8. August 1808 den Prinzen August, unter gleichzeitiger Beförderung zum Generalmajor, zum Chef der gesamten Artillerie. Um seiner neuen schwierigen Aufgabe nach Kräften zu entsprechen, wandte sich der Prinz an den General von Scharnhorst mit der dringenden Bitte um Unterstützung aus dem reichen Schatze seiner umfangreichen Kenntnisse. Dem hierdurch hervorgerufenen Schriftwechsel verdankt die preußische Artillerie die Keime zu vielen Neuordnungen, deren segensreiche Frucht bis in unsere Zeit hineinreicht. Die Ratschläge, die Scharnhorst dem Prinzen gab und die von demselben mit Freuden verwertet wurden, zielten

vornehmlich auf folgende Punkte: man sollte immer nur das
Praktische und Zweckmäßige vor Augen haben, aus der Artillerie
alles Handwerksmäßige und allen Kastengeist verbannen, ein
wissenschaftliches Streben fördern, eine humanere Behandlung
der Leute begünstigen, auf dem Exerzierplatz aber und im Ge=
fechte ein gehöriges Auffassen von entscheidenden Momenten,
eine gegenseitige Unterstützung der verschiedenen Waffen lebhaft
vor Augen haben.

Die gesamte Artillerie wurde nun in drei Brigaden ge=
teilt (Ostpreußische, Brandenburgische und Schlesische), jede zu
12 Fuß= und 3 reitenden Compagnien, in einer Gesamtstärke
von 6000 Köpfen. Die Stückknechte wurden abgeschafft und
durch fahrende Artilleristen ersetzt; die Fuß=Artillerie wurde mit
Gewehren bewaffnet, und die reitende Artillerie erhielt die voll=
ständige Ausrüstung der leichten Kavallerie; die Festungsartillerie
hörte als eine früher abgezweigte Waffe auf zu bestehen. —
Hierauf folgte die Einrichtung eines sogenannten Artillerie=
Komitees, ans dem die spätere Artillerie=Prüfungs=Kommission
hervorging, die Errichtung von Artillerie=Werkstätten und die
Anordnung jährlich abzuhaltender Schießübungen.

Vom Jahre 1809 bis zum Beginn des Krieges 1813 be=
fand sich der Prinz wieder in Berlin und widmete sich mit dem
größten Eifer seinem neuen Wirkungskreise. Nach der Kriegs=
erklärung leitete er von Breslau aus mit rastloser Thätigkeit
die Mobilmachung und Ausrüstung der seinem Befehl anver=
trauten Waffe.

Der dringende Wunsch des Prinzen, neben seiner Stellung
als kommandierender General der gesamten mobilen Artillerie
noch ein besonderes Truppenkommando zu erhalten, konnte fürs
erste noch nicht erfüllt werden. Dem Blücherschen Hauptquartier
zugeteilt, wohnte er der Schlacht bei Großgörschen bei. Wo
er irgend konnte, griff er schnell entschlossen ein, und führte, ob=
wohl ohne besonderes Kommando, mehrmals einzelne Bataillone
in Person gegen den Feind. An diesem Tage war es auch,
wo dem Prinzen dasselbe Pferd unter dem Leibe erschossen

wurde, das seinen gefallenen Bruder Louis Ferdinand bei Saal=
feld getragen hatte.

Auf dem Rückzuge von Großgörschen war der Prinz am
5. Mai in dem Gefecht bei Colditz gegenwärtig; während des=
selben traf ihn die Nachricht von dem am 2. Mai erfolgten
Tod seines Vaters, des Prinzen Ferdinand. Auch der Schlacht
bei Bautzen am 22. und dem Kavallerie=Gefecht bei Hainau
am 26. Mai wohnte er bei, wo sich Gelegenheit bot, auch ohne
bestimmten Befehl mitzuwirken.

Während des Waffenstillstandes begab er sich nach Berlin,
woselbst er die für weitere Vermehrung der Artillerie und für
deren Zuteilung zu den formierten vier selbständigen Armeecorps
erforderlichen Maßregeln traf.

Nach Wiederaufnahme der Feindseligkeiten wurde ihm unter
Ernennung zum Generalleutnant neben seinem Kommando über
die gesamte Artillerie auch das der 12. Brigade im 2. Armee=
corps des Generals von Kleist übertragen. Er traf gerade noch
rechtzeitig zur Schlacht von Dresden ein, ohne jedoch in der=
selben zu hervorragender Thätigkeit zu kommen. Desto mehr
kam er mit seiner Brigade am 30. August in der Schlacht bei
Kulm zur Geltung. Als die linke Flanke des Kleistschen Corps
stark bedroht war, führte der Prinz sofort seine Brigade gegen
den Feind. Etliche Teile derselben gerieten in Verwirrung, die
zur völligen Auflösung zu werden drohte. In diesem kritischen
Augenblick sammelte der Prinz einige hundert Soldaten des
2. Schlesischen Regiments, ergriff die Fahne des 2. Bataillons
und griff nun, dieselbe selbst gegen den Feind tragend, mit
Bajonett und Hurrahruf an. Die Franzosen widerstanden diesem
Angriff, dem sich noch viele Soldaten der Linie und Landwehr
angeschlossen hatten, nicht; sie wurden vollständig geworfen. In
diesem denkwürdigen Moment ist der Prinz auf einem be=
kannten Gemälde von Gerard dargestellt.

Im weiteren Verlauf der Schlacht kam der Prinz noch ein=
mal in eine höchst bedenkliche Lage. Bei einem Versuch, be=
drohte Geschütze zu retten, geriet er mitten in feindliche Reiterei,

wobei mehrere Offiziere ganz in seiner Nähe gefangen oder
verwundet wurden. Er selbst entkam der Gefangenschaft nur
durch einen kühnen Sprung über den Chausseegraben und schloß
sich den jenseits desselben stehenden Truppen der 9. Brigade an.
Auf Seiten der Verbündeten wurde nun der Linksabmarsch
der Hauptarmee aus Böhmen nach Sachsen geplant. Vorher
sollte jedoch eine größere Rekognoszierung auf der Straße nach
Dresden stattfinden. Die 12. Brigade war bestimmt, hierbei
mitzuwirken. An den sich am 15. und 16. September ent=
wickelnden Avantgardengefechten nahm der Prinz hervorragenden
Anteil.

In der Schlacht bei Leipzig fand der Prinz Gelegenheit,
seine Tapferkeit in glänzender Weise zu bethätigen. Schon am
16. Oktober gelang es ihm, wenn auch unter großen Verlusten,
Mark = Kleeberg zu erobern und zu behaupten. Bei dieser Ge=
legenheit erbeutete er 13 daselbst zurückgelassene feindliche Ge=
schütze. Besondere Bewunderung verdient aber das Verhalten
des Prinzen am 18. Oktober. Seine Brigade war vorzugs=
weise bei dem Kampfe beteiligt, der um das Dorf Probstheida
tobte. Hier war es, wo der Prinz an der Spitze der Brigade
den mehrmals abgeschlagenen Angriff erfolgreich erneuerte und
15 Geschütze eroberte. Der Verlust war freilich ein sehr be=
deutender; die Brigade war durch die Gefechte von Mark=
Kleeberg und Probstheida von 4790 Mann auf 1920 ge=
schmolzen und hatte mithin einen Verlust von 56 Offizieren und
2870 Mann.

Eins von den eroberten Geschützen, „le Drôle", erhielt der
Prinz vom König zum Geschenk. Er ließ es später vor seinem
Schlosse Bellevue im Tiergarten aufstellen.

Nach dem Sieg bei Leipzig reiste der Prinz nach Berlin,
woselbst er bis zum 12. Januar 1814 blieb. Ende dieses
Monats traf er in der Gegend von Grevenmachern wieder bei
seiner Brigade ein. Bald darauf trat dieselbe in dem Gefecht
bei Vauchamps und Champaubert in hervorragende Thätigkeit.
Zu seinem großen Leidwesen hatte Blücher sich genötigt gesehen,

bei Montmirail vor den überlegenen feindlichen Truppen den Rückzug anzutreten. Derselbe wurde zwar unter großen Verlusten, aber immerhin in guter Ordnung bis über Champaubert fortgesetzt. Jetzt kam es noch darauf an, den etwa 1600 Schritt entfernten, schützenden Wald von Etoges zu erreichen. Große feindliche Kavalleriemassen suchten den dahin führenden Weg von drei Seiten zu verlegen, so daß die Lage sich äußerst kritisch gestaltete. Aber auch hier wie einst bei Prenzlow verdankte die preußische Infanterie dem pünktlich befolgten Befehl des Prinzen, nur auf 30 Schritt zu feuern, hauptsächlich ihre Rettung. — Noch einmal dicht vor dem Walde gelang es einem Schwarm französischer Reiter, zwischen den Bataillonen Prinz August und v. Pirch in ein Karree einzudringen; mehrere Offiziere im Gefolge Blüchers, unter ihnen sein Adjutant, Major von Oppen, wurden unter seinen Augen niedergehauen, Blücher selbst zog den Säbel und wehrte sich seines Lebens; da, im Augenblick der höchsten Gefahr, stürzte sich Prinz August, kühn und entschlossen wie immer, mit dem nächsten Bataillon auf die eingedrungenen Feinde und trieb sie mit dem Bajonett in die Flucht.

Bei dem Kleistschen Corps, das durch diese Ereignisse bedenklich geschwächt worden war, wurde nun eine andre Formation der Infanterie vorgenommen. Dieselbe wurde in zwei Brigaden eingeteilt, die als Division unter das Kommando des Prinzen traten. In dieser Stellung wohnte der Prinz den Gefechten bei Méry (22. Februar), bei Gué à Trèmer (28. Februar), dem Rückzugsgefecht bei Mareuil (2. März) und der Schlacht bei Laon (9. März) bei.

Nach der Einnahme von Paris übernahm der Prinz interimistisch das Kommando des 2. Armeecorps, da General von Kleist im Hauptquartier des Königs verblieb; gleichzeitig wurde er zum General der Infanterie ernannt.

Im Feldzuge des Jahres 1815 bot sich dem Prinzen Gelegenheit, wieder auf artilleristischem Gebiet seine Befähigung zu beweisen.

Es wurde ihm wieder der Oberbefehl über die sämtliche mobile Artillerie übertragen, um die Belagerung der im nörd= lichen Frankreich befindlichen Festungen zu leiten. Als tüchtige Hilfskraft stand ihm dabei der Ingenieur=Oberst von Ploosen zur Seite. Zum Zweck dieser Belagerungen erhielt er den Oberbefehl über das 2. Armeecorps und das Norddeutsche Bundesheer. Es begann nun jene ruhmreiche Periode, in der innerhalb eines Zeitraumes weniger Wochen neun feindliche Festungen mit 500 Geschützen in die Hände der Sieger fiel. Kräftige Besetzung der ersten Parallele wurde vom Prinzen als Grundsatz ausgesprochen. Seine persönliche Gegenwart be= lebte alles. Die Truppen leisteten daher auch Unglaubliches. Über seine Thätigkeit spricht sich ein Offizier seines Stabes folgendermaßen aus: „Seine Umgebungen macht der Herr mit seiner nach allen Richtungen ausgedehnten Thätigkeit zwar bei= nahe tot, indessen ist doch sehr gut mit ihm auszukommen."

Bei den Rekognoszierungen setzte sich der Prinz rücksichtslos aus. Bei der Belagerung von Landrech stieg er mit etwa 10 Offizieren auf die Brustwehr des Laufgrabens. Oberst von Ploosen bat ihn, unter einem wahrhaften Regen von ein= schlagenden feindlichen Kugeln, auf das dringendste, diese gefähr= liche Stellung zu verlassen; doch der Prinz reichte dem ihn stets begleitenden Leibwundarzte die Hand und sagte ruhig: „Fühl her, mein alter Leo, ob mein Puls hier unruhig geht!"

Während der Belagerung von Rocroy verließ der Prinz am Abend die Trancheen und begab sich in ein unter den Kanonen der Festung gelegenes Bauernhaus, woselbst er ruhig bis zum Morgen schlief, obgleich die Granaten fortgesetzt in das Dorf schlugen und das gegenüberliegende Haus zertrümmerten. Die festen Plätze, die der Prinz in dieser Zeit zur Übergabe nötigte, waren: Maubeuge, Landrech, Marienbourg, Philippeville, Rocroy, Montmédy, Mezières, Longwy und Sedan.

Nach Beendigung des Krieges kehrte der Prinz über Paris nach Berlin zurück, wo er sich von nun ab ganz der Reorgani= sation der Artillerie zuwendete. Dieselbe wurde jetzt in 9 Bri=

gaben eingeteilt; für die Ausbildung derselben waren die jähr=
lichen Besichtigungsreisen des Prinzen von großem Einfluß.

Aber nicht bloß auf die Vermehrung der Artillerie, sondern
hauptsächlich auch auf ihre erhöhte Ausbildung nahm der Prinz
Bedacht. Obgleich ihm dabei große Schwierigkeiten entgegen=
traten durch die verhältnismäßig geringe Dienstzeit der Artille=
risten, sowie durch den sehr ermäßigten Friedensetat, verlor der
Prinz dennoch nie die wichtige Angelegenheit aus dem Auge, die
preußische Artillerie auf die ihr gebührende Höhe zu bringen.

Im Jahre 1841 konnte der Prinz dem König ein erleich=
tertes, in mechanischer Beziehung wesentlich vervollkommtes
Material für die Feldartillerie in Vorschlag bringen. Unterm
24. Februar 1842 erfolgte hierzu die Königliche Genehmigung.
In derselben Weise hatte der Prinz für die Bildung einer De=
fensions= und Belagerungs=Artillerie gewirkt. Auch die wissen=
schaftliche Förderung des Offiziercorps lag ihm am Herzen.
Er ordnete jährlich einzureichende Ausarbeitungen an, und in
den Wintermonaten mußten von den Offizieren artilleriewissen=
schaftliche Vorträge abgehalten werden.

Am 14. Juli 1843 war der Prinz nach der Besichtigung
der 1. Artillerie=Brigade von Königsberg abgereist; am 16. traf
er in Bromberg ein. Schon auf der Reise fühlte er sich un=
wohl. Es überfiel ihn zunächst ein leichter Brustkrampf; am
19. trat eine Lungenlähmung ein, der er nach wenigen Stunden
erlag.

Am 29. Juli fand die Beisetzung der irdischen Hülle mit
den einem Feldmarschall und Königlichen Prinzen gebührenden
Ehrenbezeigungen im Dome zu Berlin statt.

In der preußischen Heeresgeschichte wird der Name des
Prinzen August unauslöschlich fortleben. Glühende Vaterlands=
liebe und der angestammte Heldenmut seines erhabenen Ge=
schlechts bildeten die Grundlage seines ganzen Lebens. Was
er für richtig erkannt hatte, behielt er mit der größten Beharr=
lichkeit im Auge. Bei Lösung der ihm übertragenen schwierigen
Aufgaben beseelte ihn eine Pflichttreue, welche eine Rücksicht auf

die eigne Person völlig ausschloß. Insbesondere hat die preußische Artillerie Ursache, den Prinzen August als ihren Organisator und Bildner in dankbaren Herzen zu tragen. Charakteristisch ist die Kabinettsordre, die König Friedrich Wilhelm IV. nach dem Tode des Prinzen erließ; sie lautet:

„Durch den unerwarteten Tod Sr. Königlichen Hoheit des Prinzen August von Preußen habe Ich ein Mitglied Meines Hauses und die Armee einen ihrer ruhmwürdigsten Führer verloren. Ausgezeichnet durch wahren Heldenmut, durch denkwürdige Kriegsthaten, besonders durch sein hohes Beispiel in der Schlacht bei Culm und durch die Eroberung von neun Festungen, hat der verewigte Prinz sich noch das große Verdienst erworben, die Artillerie neugebildet und zu ihrem gegenwärtigen musterhaften Zustand erhoben zu haben.

Fortdauernd muß der kriegerische Geist und die Pflichttreue, womit der Prinz bis zu dem letzten Augenblicke seines Lebens seinen wichtigen Beruf erfüllte, in dem Heere fortleben und als ein rühmliches Beispiel in seinen Denkbüchern verzeichnet bleiben."

von Podbielski.

Ich habe beschlossen, das Andenken an den General der Kavallerie von Podbielski dadurch zu ehren und in Meiner Armee dauernd lebendig zu erhalten, daß Ich dem Niederschlesischen Feld=Artillerie=Regiment Nr. 5, dessen Chef er durch die Gnade Meines in Gott ruhenden Herrn Großvaters, des Kaisers und Königs Wilhelm I. Majestät gewesen ist, den Namen Feld= Artillerie=Regiment von Podbielski (Niederschlesisches) Nr. 5 ver= leihe. Ich vertraue zu dem Regiment, daß es aus den hohen Verdiensten, welche sich der General von Podbielski in allen Stellungen, und besonders als Inspecteur der Artillerie, um König und Vaterland erworben hat, einen Antrieb entnehmen wird, in Hingebung und treuer Pflichterfüllung fortzufahren wie bisher, dann wird Meine dankende Anerkennung ihm nie fehlen.

Berlin, den 27. Januar 1889.

Wilhelm.

Die Familie Podbielski gehörte dem alten Adel des König=
reichs Polen an. Nach der zweiten Teilung dieses Landes
traten zwei Brüder der Familie in preußische Militärdienste.
Der eine derselben, Adolf von Podbielski, war vermählt mit Jo=
hanne v. Falkenhahn. Der jüngste Sohn aus dieser Ehe war Eugen
Anton Theophil. Er wurde geboren am 17. Oktober 1814 im
Schloß zu Köpenick bei Berlin, zur Zeit, als sein Vater, da=
mals Rittmeister im 1. Ulanen=Regiment, im Felde gegen Frank=
reich stand. Nachdem Theophil das schulpflichtige Alter erreicht
hatte, besuchte er zuerst das Pädagogium zu Züllichau und später
die Ritterakademie zu Liegnitz. Mit 16½ Jahren trat er am
1. Mai 1831 als Offiziers=Aspirant in dasselbe Regiment ein,
dem auch sein Vater angehörte, in das 1. Ulanen=Regiment.
Am 15. Dezember 1831 zum Portepeefähnrich und am 9. Februar
1833 zum Sekondeleutnant befördert, wurde Theophil von Pod=
bielski am 28. März desselben Jahres in das 4. Ulanen=
Regiment versetzt. Seine hervorragende Begabung und der
damit verbundene Fleiß waren die Veranlassung, daß er 1836
auf drei Jahre zur Allgemeinen Kriegsschule (jetzt Kriegs=
Akademie) kommandiert wurde. An diese Studienzeit schloß sich
im Herbst 1839 eine einjährige Dienstleistung bei der Garde=
Artillerie=Brigade. Er konnte damals kaum ahnen, daß er
32 Jahre später an die Spitze dieser Waffe berufen werden
sollte. Jedenfalls hat diese Zeit, der er sich später so gern
erinnerte, in ihm das Interesse für die Artillerie angeregt und
wachgehalten. Seine außergewöhnliche Begabung eröffnete ihm
bald den Eintritt in eine Reihe höherer Adjutanturstellungen.
Schon am 28. Juni 1841 wurde er zur Dienstleistung als
Adjutant bei der 5. Kavallerie=Brigade kommandiert. In diese

Zeit fielen in das Familienleben Podbielskis Ereignisse trauriger, aber auch freudiger Art. Am 8. Juli 1841 starb sein Vater, Oberstleutnant a. D., zuletzt etatsmäßiger Stabsoffizier im 1. Ulanen = Regiment. Am 28. April 1843 vermählte sich Theophil von Podbielski mit Agnes von Jagow aus dem Hause Dallmin. 1845 wurde er in seiner bisherigen Stellung zum Premierleutnant befördert. 1848 trat er zur Dienstleistung als Adjutant zur 9. Division über, in welcher Stellung er auch als Lehrer an der vereinigten Divisionsschule des 5. Armeecorps thätig war. Im folgenden Jahre wurde er zum Rittmeister befördert und als Adjutant zur 6. Division versetzt. In dem= selben Jahre kam es zu der bekannten Bundesexekution gegen das Kurfürstentum Hessen. Es mag dem jungen, thatendurstigen Offizier wenig behagt haben, daß er bei den halben und lahmen militärischen Maßregeln, die bei dieser Gelegenheit getroffen wurden, sich beteiligen mußte. Das kaum ein Gefecht zu nennende Rencontre bei Bronzell am 8. November 1850, das einer dunklen Sage zufolge der preußischen Armee einen Schimmel kostete und dem auch Podbielski beiwohnte, hat sicher wenig angenehme Er= innerungen in ihm zurückgelassen. Noch in demselben Jahre wurde er zum Präses der Examinations=Kommission für Portepee= fähnriche bei der 6. Division ernannt und bekleidete sodann ein Jahr lang die Stelle des Direktors der vereinigten Divisions= schule des 3. Armeecorps. Am 18. Juni 1853 in das 4. Ulanen= Regiment zurückversetzt, trat Rittmeister v. Podbielski als Ad= jutant zum Generalkommando des 3. Armeecorps über, an dessen Spitze damals der spätere Generalfeldmarschall v. Wrangel stand. Am 21. April 1855 wurde er mit 40½ Jahren unter Beförderung zum Major in den Generalstab versetzt, blieb aber dem Generalkommando des 3. Armeecorps zugeteilt. Nachdem er kurze Zeit eine Escadron des 6. Kürassier=Regiments und so= dann während der Herbstübungen 1857 das 3. Husaren=Regiment geführt hatte, wurde er am 12. Januar 1858 zum Commandeur des Thüringischen Husaren = Regiments Nr. 12 ernannt, das aus einem sächsischen Regiment hervorgegangen war und dessen

Stab in Merseburg stand. Die 5 Jahre, die er als Regiments-
Commandeur verbrachte, wurden für ihn die Quelle reicher praktischer Erfahrungen und bildeten nach seinen oft gethanen Äuße-
rungen den schönsten Abschnitt seines militärischen Dienstlebens.
1859 wurde er zum Oberstleutnant, 1861 zum Oberst befördert,
in letzterem Jahre auch zum Commandeur der 16. Kavallerie-
Brigade ernannt.

Als im Dezember 1863 der Krieg gegen Dänemark ausbrach, berief ihn das Vertrauen des Königs als Oberquartier-
meister zum Stabe des Oberkommandos über die alliierte Armee,
die unter dem Befehl des Generalfeldmarschalls v. Wrangel stand.
Damit war sein sehnlicher Wunsch in Erfüllung gegangen, auch
auf dem Kriegsschauplatz, im Kampf gegen den Feind thätig zu
sein. Wenn er auch selbst kein eigentliches Kommando führte,
so hat er doch in der ihm übertragenen Stellung Gelegenheit
gefunden, seine militärische Tüchtigkeit sowie seine persönliche
Tapferkeit zu bethätigen. Die Glanzpunkte in diesem Feldzuge
bildeten für ihn die Gefechte von Sonderbygard und Düppel,
die Belagerung und Erstürmung der Düppeler Schanzen, die
Einnahme von Fridericia und der Übergang nach Alsen.

Nach Beendigung des Krieges gegen Dänemark wurde er
am 21. November 1864 mit Wahrnehmung der Geschäfte eines
Generalstabschefs beim Oberkommando über die Truppen in den
Elbherzogtümern betraut und am 18. April 1865 unter Ent-
bindung von der Stellung als Commandeur der 16. Kavallerie-
Brigade und unter Versetzung zu den Offizieren von der Armee
definitiv zum Chef des Stabes beim Oberkommando in den
Elbherzogtümern ernannt.

1865 erfolgte seine Beförderung zum Generalmajor, 1866
die zum Direktor des Allgemeinen Kriegsdepartements im Kriegsministerium.

Seine organisatorischen Arbeiten erfuhren zunächst noch eine
Unterbrechung durch den Krieg gegen Österreich 1866, an dem
er als Generalquartiermeister der Armee im Gefolge des Königs
teilnahm. Während des Waffenstillstandes wurde ihm die Fest-

stellung der Demarkationslinie übertragen, welcher Aufgabe er sich in Gemeinschaft mit dem österreichischen Feldmarschall-Leutnant Baron Johr unterzog.

Nach dem Friedensschluß trat er in seine Stellung als Direktor des Allgemeinen Kriegs-Departements zurück, in der er nach Vergrößerung des Staates und der damit verbundenen Vermehrung der Armee reichlich Gelegenheit fand, seine hohe organisatorische Begabung zu bethätigen. Der Abschluß der Militärkonventionen mit den Staaten des Norddeutschen Bundes, die Errichtung dreier neuen Armeecorps, die anderweitige Formation der Kavallerie-Regimenter, die Vorarbeiten für eine Reihe neuer Gesetze, Maßnahmen zur Förderung der Schlagfertigkeit der Armee, zur Beschleunigung ihrer Mobilmachung und Konzentration, das alles waren Aufgaben, an deren Bewältigung General v. Podbielski hervorragenden Anteil hatte. — Während der Erkrankung des Kriegsministers fiel ihm wiederholt dessen Vertretung zu, namentlich auch auf dem noch ungewohnten Gebiete des parlamentarischen Lebens. Am 20. Dezember 1867 erfolgte seine Ernennung zum Generalleutnant.

Auch im deutsch-französischen Kriege finden wir ihn als Generalquartiermeister der Armee in dem unmittelbaren Gefolge des Königs. Mit Bismarck, Moltke, Roon und all den wackeren Männern, die schon früher in den Tagen der Gefahr um ihren Herrn geschart gewesen und mit ihm in den Kampf gezogen waren, war wiederum auch General v. Podbielski berufen, im Kriegsrat des königlichen Feldherrn mit zu raten und zu thaten. Durch die kurzen, schlichten, den Stempel der Wahrheit tragenden Telegramme, deren Unterschrift seinen Namen zeigten, ist er in allen Schichten der Bevölkerung schnell populär geworden, wenn auch der lakonische Schluß: „Nichts Neues vor Paris — Podbielski" die Geduld der auf den Abschluß des Krieges Harrenden auf eine harte Probe stellte.

Es ist sehr zu beklagen, daß General v. Podbielski ein abgesagter Feind von allen biographischen Aufzeichnungen war. Einige wenige Notizen von seiner Hand, die jedoch sehr charak-

teriſtiſch für ſein beſcheidenes Weſen ſind, finden ſich in einer
Nummer des Militärwochenblattes; ſie lauten: „Was ich für
die Organiſation des Norddeutſchen Bundesheeres, für die Vor=
bereitung zu einer beſchleunigten Mobiliſierung und Konzentration,
ſowie in der verantwortlichen Stellung als Generalquartiermeiſter
der Armee in drei Feldzügen gethan, darauf kann ich mit Be=
friedigung zurückblicken. Indem ich dies that, habe ich dem
Allmächtigen gedankt, der mir Kraft gegeben, die überwältigende
Arbeitslaſt zu bezwingen. Es iſt dies nur möglich geweſen,
indem ich mich nicht geſcheut, ſelbſt einſeitig zu werden, um
das Nächſte ganz zu löſen. Ein gläubiges Vertrauen auf die
Zukunft meines Vaterlandes und die Kraft ſeiner Armee haben
jeden Zweifel, ſelbſt in ſchwierigen Lagen, von mir ferngehalten,
mich ſelbſt dem Vorwurf, leichtſinnig zu ſein, ausgeſetzt.
Ein höherer Ehrgeiz, als der, meinen Poſten ganz auszufüllen,
hat mir nie innegewohnt.‟

Und an einer andern Stelle ſchreibt er:

„Ohne Neigung für eine ſchriftſtelleriſche Thätigkeit, habe ich
in vielen verantwortlichen Stellungen doch ſehr viel ſchreiben
müſſen, bis mich der Krieg gegen Frankreich durch die von mir
gezeichneten Telegramme zu einem populären Schriftſteller ge=
macht und ſo der wohl geringſte Teil meiner Thätigkeit un=
geſucht die meiſte Anerkennung gefunden hat. Die ungeſchminkte
Wahrheit der von mir gezeichneten Kriegstelegramme hat nicht
das Vaterland allein, der Feind hat ſie mir gegenüber bei den
Verhandlungen als nicht anzuzweifeln anerkannt.‟

Nach Beendigung des Feldzuges wurde General v. Pod=
bielski unter Verſetzung zu den Offizieren von der Armee dem
Chef des Generalſtabes der Armee, Grafen Moltke, zur Dis=
poſition geſtellt, mit dem er bereits in drei Feldzügen in engſter
dienſtlicher Verbindung geweſen war. Daß ihn der Kaiſer gleich=
zeitig à la suite des Thüringiſchen Huſaren=Regiments Nr. 12
ſtellte, gereichte ihm zur beſonderen Freude, da die Zeit, in der
er Commandeur dieſes Regiments geweſen war, zu ſeinen
ſchönſten Erinnerungen gehörte.

Mit dem Jahre 1872 tritt ein neuer Wendepunkt in dem militärischen Leben des Generalleutnants v. Podbielski ein. Immer Kavallerist gewesen, wurde er nun ausersehen, um an die Spitze einer Waffe zu treten, die im letzten Feldzuge gezeigt hatte, daß sie Tüchtiges leisten kann, deren Organisation aber noch sehr viel zu wünschen übrig ließ; und bei seiner schöpferischen Kraft, seinem klaren Blick war auch hier an ihm der richtige Mann gefunden. Am 3. Februar 1872 wurde Generalleutnant v. Podbielski mit der Führung der Geschäfte der General-Inspektion der Artillerie beauftragt, und am 31. Dezember desselben Jahres zum General-Inspecteur der Artillerie ernannt. Das erste, was er in dieser Stellung that und was für die Zukunft der Artillerie von so großer Wichtigkeit wurde, war, daß er die Offiziercorps der Feld- und Festungs-, jetzt Fuß-Artillerie trennte. War es früher in die Hand der Brigade-Commandeure gelegt, die Offiziere zur Festungs-, Feld- und reitenden Artillerie nach Belieben zu versetzen, so ist seit 1872 eine Versetzung von der Fuß- zur Feldartillerie und umgekehrt nur durch Allerhöchste Kabinettsordre möglich. Der Vorteil dieser Reorganisation lag auf der Hand; das Gebiet der gesamten Artillerie war ein zu großes, um von einem jungen Offizier vollkommen beherrscht zu werden; auch fehlte wohl oft das Interesse, da der Fußartillerist jederzeit zur Feldartillerie und umgekehrt versetzt werden konnte. Von nun an blieb der Offizier bei seiner Waffe, bei der er eingetreten war und für die er Interesse hatte.

Ein ferneres Verdienst hat sich General v. Podbielski dadurch um die Artillerie erworben, daß er in dieser Waffe den Reitersinn förderte. Während früher von jeder Inspektion nur ein Offizier zum Reitinstitut kommandiert wurde, geschah dies fortan von jeder Brigade. Sein durchdringender Verstand und sein praktischer Blick erkannten schnell und scharf, wo es zu bessern galt, und mit fester Hand griff er durch, wo er Mängel erkannte. Vieles und Großes hat er zum Aufschwung des Artilleriewesens geleistet. Er hat danach gestrebt, der Waffe das

Zunftmäßige zu nehmen, das ihr aus früherer Zeit noch anhaftete, und sie auf die ihr gebührende Höhe zu bringen. Die Geschichte der Artillerie in jener Periode ist eng mit dem Namen Podbielskis verbunden, der es verstand, durch sein klares Urteil, seine Arbeitskraft, sein Organisationstalent und seine Kenntnisse, gepaart mit Wohlwollen und Gerechtigkeit, sich die Liebe und das Vertrauen seiner Untergebenen zu erringen.

Seine vielfachen Verdienste sind nicht ohne äußere Zeichen der Anerkennung geblieben. Das Großkreuz mit Eichenlaub des Roten Adler=Ordens, der pour le mérite mit Eichenlaub und viele andre hohe Orden sind ihm geworden, außer den höchsten Kriegsorden aller deutschen Staaten, sowie verschiedenen Großkreuzen außerdeutscher Staaten.

Am 2. September 1873 wurde er zum General der Kavallerie und am 18. September 1875, unter Belassung à la suite des Thüringischen Husaren = Regiments Nr. 12, zum Chef des Niederschlesischen Feldartillerie=Regiments Nr. 5 ernannt.

Im Sommer 1879 besichtigte er noch in voller Rüstigkeit zahlreiche Artillerie = Regimenter in allen Teilen des Deutschen Reiches, begleitete auch seinen kaiserlichen Herrn noch nach Königsberg, Danzig, Stettin, Straßburg und Metz und suchte darauf Erholung im Kreise seiner Familie auf dem Gute Dallmin, dem Geburtsorte seiner Gemahlin, das er nach dem Tode seines Schwagers gekauft hatte. Am 28. Oktober kehrte er mit seiner Familie nach Berlin zurück. Am 31. Oktober unternahm er noch in voller Frische seinen gewohnten Spazierritt in den Tiergarten; zurückgekehrt, empfand er einen leichten Schwindelanfall, den der schnell herbeigerufene Arzt jedoch für unbedenklich erklärte. Bald nach $12\frac{1}{2}$ Uhr mittags machte ein plötzlich eingetretener Herzschlag seinem Leben ein Ende.

Welcher allgemeinen Anerkennung, Liebe und Verehrung der Verstorbene sich in der militärischen und politischen Welt zu erfreuen hatte, ging aus der regen Beteiligung an der Trauerfeier hervor, die im Hause der Familie abgehalten wurde. Neben dem Kaiser war Prinz Karl, waren die Repräsentanten der Armee, des Staatsministeriums, der Zivilverwaltung, die fremdländischen Militärattachés, sowie Deputationen des Niederschlesischen Feld=artillerie=Regiments Nr. 5 und des Thüringischen Husaren=Regiments Nr. 12 erschienen, und das Trauerhaus vermochte kaum die große Versammlung der Leidtragenden zu fassen. Nach Beendigung der Feier setzte sich vom Sterbehause aus die Trauer=parade in Bewegung; der imposante Zug ging nach dem Ham=burger Bahnhof, von wo die Überführung der Leiche nach dem Gute Dallmin bei Perleberg erfolgte. Hier fand am Tage nach der Ankunft die Beisetzung unter Beteiligung zahlreicher Depu=tationen der Artillerie statt, die auch an dieser Stätte noch Zeugnis ablegen wollte, in welch dankbarem, ehrendem Gedächtnis sie ihren heimgegangenen Inspecteur trug.

von Peucker.

Ich will das Andenken des Generals der Infanterie von Peucker, welcher in vielen Dienststellungen, und insbesondere als General-Inspecteur des Militär-Erziehungs- und Bildungswesens sich ausgezeichnete Verdienste erworben hat, dadurch ehren und in Meiner Armee dauernd lebendig erhalten, daß Ich dem Schlesischen Feldartillerie-Regiment Nr. 6, zu dessen Chef Mein in Gott ruhender Herr Großvater, des Kaisers und Königs Wilhelm I. Majestät, ihn ernannt hatte, den Namen Feldartillerie-Regiment von Peucker (Schlesisches) Nr. 6 verleihe.

Die bei allen Gelegenheiten bewährte Tüchtigkeit des Regiments bürgt Mir dafür, daß es diesen Namen stets in hohen Ehren halten und sich weitere Ansprüche auf Meine dankende Anerkennung erwerben wird.

Berlin, den 27. Januar 1889.

gez. Wilhelm.

duard Peucker wurde am 19. Januar 1791 zu Schmiede-
berg geboren, als Sohn des dortigen Kaufmanns
Christian Ephraim Peucker und dessen Ehefrau Chri-
stiane Henriette, geborenen Claußin. Seine Bildung erhielt er
auf dem Maria=Magdalena=Gymnasium zu Breslau, das er
nach bestandenem Abiturientenexamen im Alter von 18 Jahren
verließ. Im Jahre 1809 trat er bei der Schlesischen Artillerie-
Brigade ein. Durch Kabinettsordre vom 24. November 1808
war die Einteilung der Artillerie in drei Brigaden angeordnet,
die Preußische, die Brandenburgische und die Schlesische Brigade.
Jede derselben sollte im Frieden aus 12 Fuß= und 3 reitenden
Stammcompagnien bestehen. 1811 wurde Peucker zum Sekondeleutnant ernannt. Bei dem Hilfscorps, das Preußen 1812 dem
Kaiser Napoleon gegen Rußland zu stellen hatte, war die Artillerie vertreten durch 3 reitende, 4 sechspfündige Fuß=Batterien
und eine halbe zwölfpfündige Batterie, letztere unter Befehl
des Hauptmanns Rozynski; bei dieser machte auch Leutnant
Peucker den Feldzug mit.

Bei Ausbruch des Krieges 1813 finden wir ihn als Adju-
tanten des Commandeurs der Artillerie des Yorkschen Corps,
Oberstleutnant v. Schmidt. Vor der Schlacht an der Katzbach
zog er durch vorzügliche Ausführung eines ihm von seinem
Commandeur gegebenen Auftrags die Aufmerksamkeit hoher
Führer auf sich. Oberstleutnant v. Schmidt erkannte, daß der
Munitionsnachschub für das 1. Corps der Schlesischen Armee be-
denklich in Frage gestellt war, indem die Munitions=Kolonnen einen
Weg von 16 Meilen nach der Festung Neiße zurücklegen mußten,
um sich von neuem zu komplettieren. Er sandte deshalb am
Morgen des 26. August, vor Beginn der Schlacht an der

Katzbach), seinen Adjutanten, den Leutnant Peucker, mit Kurier=
pferden ab und gab ihm folgende Aufträge:

1) so schnell wie möglich einen Teil des Reserve=Munitions=
Depots von Neiße nach Schweidnitz schaffen und von dort durch
Vorspannwagen der Armee zuführen zu lassen;

2) ein Zwischendepot für alle Arten Munition in Schweidnitz
zu formieren, damit die Kolonnen nicht nötig hätten, den weiten
Weg bis Neiße behufs ihrer Komplettierung zurückzulegen;

3) die Mobilmachung von 22 für das 1. Armeecorps be=
stimmten Fahrzeugen in Neiße zu beschleunigen;

4) die Mobilmachung von außerdem mindestens 50 noch er=
forderlichen Park=Fahrzeugen zu betreiben;

5) einen ordnungsmäßigen und sicheren Gang des Munitions=
transports zur Armee einzuleiten;

6) Arrangements zur fortdauernden Thätigkeit in den Ar=
beiten des Hauptdepots zu treffen und bei den mitwirkenden
Personen die geeignete Verbindung einzuleiten.

Wenn man erwägt, mit welchen Schwierigkeiten die Aus=
führung dieser Instruktion verbunden war, die Verhandlungen
mit den Behörden, deren Unterstützung nachgesucht werden mußte,
die schlechte Beschaffenheit der Wege, die durch den Regen über=
flutet waren und zum Teil von den Pferden nur schwimmend
passiert werden konnten, und damit zusammenhält die Jugend
des Leutnants Peucker, der erst zwei Jahre Offizier war, so
gebührt der Umsicht, dem Geschick und der Energie, mit der er
alles zu einem erwünschten Ziele führte, die höchste Bewunderung.
Selbst der Prinz August von Preußen, der Höchstkommandierende
der Artillerie, fühlte sich veranlaßt, dem Oberstleutnant v. Schmidt
über diese Affaire folgendes zu schreiben:

„Aus Ihrem Bericht, Bautzen den 20. d. M., habe ich
mit ganz besonderem Vergnügen ersehen, daß Sie mit Ihrer
mir rühmlichst bekannten Thätigkeit unter sehr schwierigen Um=
ständen für die Herbeischaffung der Munition des 1. Armee=
corps zu sorgen gewußt haben. Die Art, wie Ihr Adjutant,
der Leutnant Peucker, bei diesem Geschäft sich benommen, hat

meinen ganz besonderen Beifall, welches Sie ihm in meinem Namen sagen werden. Sein Beispiel kann jedem jungen Offizier für ähnliche Fälle zum Muster dienen, und werde ich, wenn er sich im Übrigen auch so aus=zeichnet, gewiß nach den Umständen auf ihn Rücksicht nehmen."

Peucker entsprach diesen Erwartungen in vollem Maße, so daß nach der Schlacht von Möckern der General v. York an den König berichten konnte:

„Leutnant und Adjutant Peucker, welcher der gesamten Artillerie dieses Armeecorps unlängst so wichtige Dienste leistete, war an diesem Tage gleichfalls sehr thätig und unerschrocken und zeigt sich überhaupt als ein brauchbarer und wissenschaft=lich gebildeter Offizier, der empfohlen werden kann."

Infolge dieser Empfehlung erhielt Leutnant Peucker für sein Verhalten in der Schlacht bei Leipzig das Eiserne Kreuz 2. Klasse und den Russischen Wladimirorden 4. Klasse.

Peucker fuhr im Verlauf des Feldzuges fort, sich in rühm=licher Weise auszuzeichnen; so heißt es in dem Bericht seines Commandeurs, nunmehrigen Obersten v. Schmidt über die Beteiligung der Artillerie des 1. Armeecorps bei der Schlacht vor Paris am 30. März 1814: „Meine beiden Adjutanten, Leutnant Erhardt von der Preußischen und Leutnant Peucker von der Schlesischen Brigade, haben sich alle mögliche Mühe gegeben, um die ihnen von mir gewordenen Befehle aufs pünkt=lichste zu erfüllen, besonders um die Ankunft der Batterien der Reserve=Artillerie zu beschleunigen, da ein Moment vorhanden war, wo das längere Ausbleiben derselben sehr nachteilig hätte werden können." — Als neues Zeichen der Anerkennung verlieh der König dem Leutnant Peucker das Eiserne Kreuz 1. Klasse und beförderte ihn 1815 zum Premierleutnant; nur ein Jahr bekleidete er diese Charge, denn bereits 1816 wurde er zum Hauptmann ernannt und gleichzeitig als Assistent in das Kriegs=ministerium versetzt, wo er zu seiner Freude mit seinem früheren Commandeur v. Schmidt, dem die Leitung der Artillerie=Angelegen=heiten übertragen war, wieder zusammentraf.

Nachdem Peucker bereits 1816 in den Adelstand erhoben worden war, avancierte er immer im Kriegsministerium, mit Bearbeitung des Artillerie= und Waffenwesens beschäftigt, in ver= hältnismäßig schneller Stufenfolge 1822 zum Major, 1834 zum Oberstleutnant, 1836 zum Oberst, 1842 zum Generalmajor.

Hervorragende Verdienste hat sich Peucker um Einführung des von Dreyse in Sömmerda erfundenen Zündnadelgewehrs erworben. Den Vorteilen gegenüber, welche diese Schußwaffe im Vergleich mit den früheren, schwerfälligen Vorderladern bot, ist der Widerstand einiger maßgebenden Kreise in der Armee nicht zu verstehen. Selbst als bereits alle Schwierigkeiten über= wunden schienen und bei Dreyse 60 000 Zündnadelgewehre be= stellt waren, fehlte nicht viel, daß das Miniégewehr, das sich im Krimfeldzug bewährt hatte, dem Dreyseschen System den Rang ablief. „Man habe es ja gesehen", so hieß es, „daß es nur auf präcises Schießen, nicht aber auf große Ladefähig= keit des Kriegsgewehres ankomme". Es ist Peuckers Verdienst, diese Bedenken durch schlagende Beweisgründe beseitigt und die Einführung des Zündnadelgewehrs in der preußischen Armee durchgesetzt zu haben.

Am 5. Januar 1843 wurde Peucker als wirkliches Mitglied des Kriegsministeriums zur Disposition desselben gestellt und war nunmehr nach den mannigfachsten Richtungen hin thätig.

Es kam die Zeit, wo Peucker auch eine politische Rolle zu spielen berufen war.

Das Revolutionsjahr 1848 zeitigte auch großdeutsche Be= strebungen, die in ihren Maßnahmen von unserer Zeit aus be= trachtet als Utopien erscheinen müssen, damals jedoch die Ge= müter in nicht geringe Aufregung versetzten. Abgeordnete der meisten deutschen Kammern gingen nach Frankfurt und kon= stituierten sich selbst zu dem sogenannten Vorparlament, das sich aber bald auflöste und nur einen Ausschuß von fünfzig Mitgliedern zurückließ, der so lange als beratende Behörde neben dem alten Bundesrat verweilte, bis das eigentliche deutsche Parlament zusammentrat, zu welchem in allen deutschen

Ländern gewählt wurde. Am 18. Mai trat diese Versamm=
lung feierlich in der Paulskirche der alten Krönungsstadt der
deutschen Kaiser zusammen. Dieses Parlament sollte die Be=
stimmung haben, durch freie Beratung und durch Vereinbarung
mit den Regierungen die Verfassung Deutschlands auf volks=
tümlicher Grundlage festzustellen. Neben den edelsten und be=
gabtesten Männern aus allen Gauen Deutschlands tagten leider
auch solche, deren Wahl die aufgeregte Zeitstimmung und die
unreinen und unreifen Bestrebungen eines Teils der Wähler
erkennen ließ, Männer der unbedingten Verneinung und des
Umsturzes aller gesellschaftlichen Ordnung. Bei dieser Bundes=
versammlung wurde Peucker als Militär=Kommissarius ernannt:
eine Stellung, um die ihn wohl wenig preußische Generale
der damaligen Zeit beneidet haben werden. Über die Haupt=
schwierigkeit, die Einsetzung einer provisorischen vollziehenden
Zentralgewalt, kam die Versammlung auf den Vorschlag des
Präsidenten v. Gagern durch Übertragung der Würde des
„Reichsverwesers" an den populär gewordenen Erzherzog Jo=
hann von Österreich, dem ein verantwortliches Reichsministerium
zur Seite stehen sollte, schnell hinweg. In dieses Ministerium
trat Peucker als Kriegsminister ein. Als seiner Anordnung,
daß in Frankfurt am 6. August alle deutschen Bundestruppen
im Waffenschmuck ausrücken und dem neuen Reichsverweser durch
ein dreimaliges Hoch huldigen sollten, nur teilweise und mangel=
haft nachgekommen wurde, trat er von seiner Stellung als Reichs=
kriegsminister wieder zurück; er übernahm jedoch dieselbe aufs
neue auf ausdrücklichen Befehl des Königs und hatte nun Ge=
legenheit, seiner Machtbefugnis wenigstens einmal Geltung zu
verschaffen durch Niederwerfung des am 18. September 1848
in Frankfurt ausgebrochenen Aufstandes. Er berief aus Mainz
preußische und österreichische Truppen, die nach heftigem Blut=
vergießen die vom Pöbel erbauten Barrikaden nahmen und die
Ruhe wieder herstellten. Das Beklagenswerteste bei diesem Auf=
stand war die Ermordung zweier preußischen Abgeordneten, des
Fürsten Felix Lichnowski und des Generals a. D. v. Auerswald.

Nachdem Friedrich Wilhelm IV. die Annahme der ihm von dem Parlament angebotenen Kaiserwürde abgelehnt hatte, weil diese Körperschaft keine Kronen zu vergeben habe, und nachdem die Umsturzmänner in der Versammlung immer mehr die Oberhand gewonnen, berief die preußische Regierung ihre Abgeordneten von Frankfurt ab, und damit hatte auch Peuckers Thätigkeit als Reichskriegsminister ihre Endschaft erreicht. Es war eine undankbare Aufgabe, die ihm übertragen worden war, eine Stellung, von Wirrsalen und Unklarheiten aller Art umgeben, aus der nur ein Lichtpunkt hervorleuchtet: die Sehnsucht nach Einigung der deutschen Stämme unter Führung der Hohenzollern.

Nunmehr trat an Preußen die doppelte Aufgabe heran, einerseits dem deutschen Volke für das Scheitern der von der Frankfurter Nationalversammlung beratenen Reichsverfassung Ersatz zu bieten, anderseits die im südwestlichen Deutschland unter dem Vorwand „zur Durchführung der Reichsverfassung" ausgebrochene Schilderhebung niederzukämpfen. Besonders bedrohlich für Deutschlands Sicherheit war der im Großherzogtum Baden ausgebrochene Aufstand. Die Organisation desselben übernahm der ehemalige polnische Insurgentenhäuptling Ludwig v. Mieroslawski. Der aus seinem Lande vertriebene Großherzog von Baden wendete sich mit der Bitte um Beistand an Preußen. Auch der Reichsverweser bot die Hilfe der Reichstruppen auf, um dem gesetzlosen Zustand in Baden und der Pfalz ein Ende zu machen. Der König von Preußen betrachtete es als eine Ehrensache, hier nicht bloß als Reichsglied, sondern als selbständiger Fürst seinem Verbündeten zu helfen. Er übertrug den Oberbefehl über das Interventionsheer seinem Bruder, dem Prinzen von Preußen, der sich sofort an den Rhein begab. Die 40 000 Mann starke Armee, die er zur Verfügung hatte, bestand aus zwei Corps, von denen das eine vom General v. Hirschfeld, das andere von dem General Grafen v. d. Gröben befehligt wurde. Außerdem war eine Reichsarmee, 20 000 Mann stark, aufgeboten, bestehend aus Bayern, Württembergern, Hessen, Nassauern und zwei Bataillonen Preußen. Diese

Armee stand unter dem Oberbefehl des Generals v. Peucker. Nach dem Kriegsplan des Prinzen von Preußen sollte das 1. Corps (v. Hirschfeld) zunächst die Insurgenten aus der Pfalz vertreiben, dann auf das rechte Rheinufer übergehen und durch eine Bewegung gegen Norden die am linken Ufer des Neckar aufgestellte, nahe an 40000 Mann starke Insurgenten= armee Mieroslawskis im Rücken bedrohen. Das 2. Corps (Graf v. d. Gröben) sollte von Nordosten her in Baden ein= dringen, die Insurgentenarmee Mieroslawskis in der Front angreifen, vom Neckar zurückwerfen und dem 1. Corps entgegen= treiben. Das Reichscorps (v. Peucker), welches bereits den Insurgenten am Neckar gegenüberstand, sollte sich nach dem Ein= treffen der Preußen den Neckar abwärts wenden und denselben etwa bei Hirschhorn überschreiten.

Die Bewegungen wurden ganz dem Plane gemäß eingeleitet, die Pfalz in kaum acht Tagen von den Insurgenten gesäubert und der Rhein bei Germersheim von dem 1. Corps, bei welchem sich der Oberbefehlshaber befand, überschritten. In der weitern Ausführung erlitt jedoch der Plan eine Veränderung. Mieros= lawski hatte sich tapfer mit dem Peuckerschen Corps herum= geschlagen, einigen Abteilungen desselben Schlappen beigebracht und die Neckarlinie gegen sie behauptet. Jetzt warf er sich auf das Hirschfeldsche Corps. Am 21. Juni schob er sich zwischen zwei sehr unvorsichtig in zu weiter Entfernung marschierende Divisionen und trieb bei Waghäusel die eine derselben mit be= deutenden Verlusten zurück. Wären seine Leute nicht zu unbot= mäßig gewesen, so hätte er noch größere Vorteile erlangt. Aber schon am folgenden Tage mußte er vor der inzwischen heran= gekommenen Division Brun zurückweichen. An demselben Tage ging Gröben bei Ladenburg und Peucker bei Zwingenberg über den Neckar, am 23. Juni schlug ihn der Prinz bei Ub= stadt, und am 25. noch einmal bei Durlach. Karlsruhe konnte er nun nicht mehr halten. Die Preußen rückten schon am 25. ein. Mieroslawski ging mit den Trümmern seines Heeres über die Schweizer Grenze. Als am 23. Juli auch

Rastadt kapitulierte, war der Feldzug beendet und die Insurrektion niedergeworfen. Am 18. August kehrte der Großherzog Leopold an der Seite des Prinzen von Preußen nach Karlsruhe zurück. Wenn das Peuckersche Corps in diesem Krieg keine hervorragenden Leistungen aufzuweisen hat, so ist dabei zu erwägen, daß dasselbe den wohldisziplinierten und festgegliederten preußischen Corps bedeutend nachstand, so daß sein Befehlshaber in einer äußerst ungünstigen Lage war.

Für seine Thätigkeit in der Stellung als Commandeur des Neckarcorps wurde Generalleutnant v. Peucker mit zahlreichen Orden, nämlich dem Preußischen Roten Adlerorden 2. Klasse mit dem Stern, mit Eichenlaub und Schwertern, dem Badischen Hausorden der Treue, den Großkreuzen des Bayrischen Michaels-Ordens, des Großherzoglich Hessischen Verdienst-Ordens, des Sächsisch-Ernestinischen Hausordens, dekoriert und nach Beendigung des Feldzuges durch Kabinettsordre vom 2. Oktober 1849 zum Chef des Stabes des Prinzen von Preußen als Militär-Gouverneur der Rheinprovinz und von Westfalen ernannt. Im Februar 1850 wurde General v. Peucker zum ersten preußischen Mitglied der nach dem Rücktritt des Reichsverwesers aus zwei österreichischen und zwei preußischen Mitgliedern gebildeten Bundes-Zentralgewalt ernannt. Als in Kurhessen durch den Eigensinn des Kurfürsten der bekannte Verfassungsstreit ausgebrochen war, wurde im November Peucker als außerordentlicher Kommissar Preußens und der mit Preußen verbündeten Staaten, in Verbindung mit dem außerordentlichen Kommissar Österreichs und der mit Österreich verbündeten Staaten, Grafen von Leiningen, nach Kurhessen gesandt behufs Schlichtung dieser Streitigkeiten. Nach Auflösung der Bundes-Zentralgewalt und Wiedereinsetzung des alten Bundestages wurde Peucker im Juni 1851 zur Disposition gestellt.

Beinahe drei Jahre währte diese Ruhezeit; da wurden seine schätzbaren Kräfte aufs neue in den Dienst des Vaterlandes gezogen. Durch Kabinettsordre vom 6. April 1854 wurde Generalleutnant v. Peucker zum General-Inspecteur des Militär-

Erziehungs- und Bildungswesens ernannt und damit in eine Thätigkeit versetzt, die seinem Wesen und seiner Individualität entschieden mehr zusagte, als die Aufgaben, die ihm in der zerfahrenen Zeit 1848 bis 1851 zugefallen waren und zu deren Lösung bei allem persönlichen Geschick die ihm zur Verfügung stehenden Mittel nicht ausreichten. In seiner neuen Stellung am 22. November 1858 zum General der Infanterie befördert, am 30. März 1863 zum Ritter des Schwarzen Adlerordens ernannt und am 1. September 1867 bei Gelegenheit des 150jährigen Jubiläums des Kadettencorps zu Berlin demselben à la suite gestellt, beging Peucker am 24. Juni 1869 die seltene Jubelfeier seiner 60jährigen aktiven Militärzeit und wurde durch Berufung in das Herrenhaus auf Lebenszeit am 30. November 1872 besonders ausgezeichnet. Hervorragend war auch seine litterarische Thätigkeit. In seinem Werke: „Das deutsche Kriegswesen der Urzeit in seinen Wechselbeziehungen und Verbindungen mit dem gleichzeitigen Staats- und Volksleben" sind die Schätze eines reichen und tiefen Studiums niedergelegt. Die Philosophische Fakultät der Universität Berlin ehrte ihn dafür durch Verleihung des Doktordiploms. Der dritte und letzte Band dieses Werkes führt den Titel: „Wanderungen über die Schlachtfelder der deutschen Heere der Urzeit" und läßt in seiner frischen, lebendigen Darstellung nicht das hohe Alter des Verfassers erkennen.

Die bedeutendste Schöpfung seiner dienstlichen Leistungen in der Armee ist jedenfalls die Umwandlung der Divisionsschulen in Kriegsschulen.

Die frühern Divisionsschulen hatten im allgemeinen dieselbe Aufgabe zu erfüllen wie die heutigen Kriegsschulen, nämlich die Offiziersaspiranten zur Ablegung der Offiziers-Prüfung auf eine systematische, wissenschaftliche, gründliche und zweckmäßige Weise vorzubereiten. Diese Anstalten ressortierten damals nicht nur in rein disziplinarer Beziehung von den betreffenden Divisions-Commandeuren, sondern es fiel den letzteren auch die Anstellung und Abberufung der Direktoren und Lehrer zu. Hieraus ergab sich, daß die Divisionsschulen einer einheitlichen Leitung völlig entbehrten und der General-Inspecteur des Militär-Erziehungs- und Bildungswesens für den Erfolg des Unterrichts eine Verantwortung nicht übernehmen konnte. Zu Direktoren konnten nur solche Stabsoffiziere ernannt werden, welche am Orte der Divisionsschulen in Garnison standen; die Folge davon war ein häufiger, für die Sache sehr schädlicher Wechsel des Direktorats.

Nicht besser stand es um die Besetzung der Lehrerstellen. Zu denselben wurden die betreffenden Offiziere wie zu jedem andern Dienst kommandiert, und nur selten wurde danach gefragt, ob dieselben auch die erforderlichen Kenntnisse, Fähigkeiten und Neigungen zu diesem Berufe hatten; praktische Erfahrungen fehlten ihnen durchgängig. Hätte man aber auch ein tüchtiges Lehrercorps besessen, so würde ein solches in der außerordentlich mangelhaften und sehr ungleichmäßigen Vorbildung der Schüler doch viele Schwierigkeiten gefunden haben. Einen sehr schädlichen Einfluß übten nach dieser Richtung die sogenannten „Fähnrichs-Pressen" aus, in welchen Tertianer und selbst Quartaner eines Gymnasiums auf rein mechanische, geisttötende Weise zum Bestehen der Fähnrichsprüfung zugestutzt wurden. Neben ihnen saßen dann in den Divisionsschulen Abiturienten. Aus alledem ergab sich auch ein Mangel an einheitlicher, sicherer Methode. Jeder Lehrer bildete sich, so gut und schlecht es eben ging, seine subjektive Methode, welche nur zu oft in dem Diktieren eines mühsam zusammengetragenen Vortrages bestand.

Als Ausgangspunkt für seine Neuorganisation stellte der General v. Peucker den Grundsatz hin, die Schwäche der Organisation und die Unzulänglichkeit der Mittel durch Konzentrierung zu größeren Lehranstalten zu beseitigen. An Stelle der neun Divisionsschulen traten zunächst drei Kriegsschulen, so daß für jede derselben dreimal soviel Mittel als für eine der früheren Divisionsschulen verfügbar waren. Demnächst wurden die Kriegsschulen direkt und ausschließlich der General-Inspektion des Militär-Erziehungs- und Bildungswesens unterstellt, von welcher

auch die Vorschläge zur Besetzung des etatsmäßigen Direktions-
und Lehrerpersonals Allerhöchsten Ortes vorgelegt werden sollten.
Um ferner alle außerhalb der Interessen der Schule liegenden
Rücksichten auf die Dienstverhältnisse der Truppenteile zu be-
seitigen, schieden die Direktoren, sowie die Lehrer der vier
Hauptdisziplinen für die Dauer dieser Verwendung aus dem
Etat ihrer Truppenteile aus und bildeten ein in sich geschlossenes
Offiziercorps.

Um den verderblichen „Fähnrichs-Pressen" entgegenzutreten,
wurde die Zulassung zur Fähnrichs-Prüfung von der Beibringung
eines Reifezeugnisses für die Prima eines preußischen Gymnasiums
oder einer Realschule erster Ordnung abhängig gemacht.

Von tiefgreifendster Bedeutung war aber die vom General
v. Peucker erlassene Vorschrift über die Methode, den Umfang
und die Einteilung des Unterrichts, — ein wahrhaft klassisches
Meisterstück und des Generals eigenstes Werk. Der Kernpunkt
dieser Vorschrift liegt in der Einführung der sogenannten appli-
katorischen Lehrmethode. Dieselbe sollte in einer zweckmäßigen
Verbindung eines als unerläßlich zu erachtenden systematischen,
darstellenden Vortrages mit der entwickelnden Besprechung und
mit unausgesetzten Übungen der geistigen Fähigkeiten der Zöglinge und des richtigen mündlichen und schriftlichen Ausdruckes
der Gedanken bestehen. An Stelle des langweiligen Diktierens
sollte jeder Lehrer vor dem Beginn eines Abschnittes ein Skelett
seines Vortrages zusammenstellen, welches die Grundgedanken
desselben in ihrem Zusammenhange in Form einer genetischen
Skizze gab. Dieselben wurden gedruckt und sicherten die Gleich-
mäßigkeit im Gange und Umfange des Unterrichts auf sämtlichen Kriegsschulen.

Neben der durch diese Vorschriften angestrebten Vertiefung
der wissenschaftlichen Bildung der Schüler ließ Peucker in seinem
Organisationsentwurf die wichtigen Rücksichten auf die Ge-
winnung eines möglichst hohen Grades praktischer Brauchbarkeit
derselben, sowie auf Kräftigung des militärischen Geistes und
des Sinnes für Kameradschaft, auf Belebung der Ordnungs-

liebe, des Ehr- und Pflichtgefühls und der Sittenreinheit und endlich auf äußeren Anstand und feine Sitte nicht aus dem Auge.

Zur Erreichung dieser Zwecke wurden sogenannte Inspektions-Offiziere angestellt, denen außerdem noch die Leitung praktischer Übungen, sowie die Erteilung des Unterrichts im Reiten, Fechten, Turnen und Schießen oblag.

Durch die Armeereorganisation, sowie die Vergrößerung, welche die preußische Armee nach den drei siegreichen Kriegen erfuhr, wurde auch die Vermehrung der Kriegsschulen notwendig.

Erklärlich ist es wohl, daß General v. Peucker unter seinen Schöpfungen die Kriegsschulen mit ganz besonderer Liebe umfaßte; nichtsdestoweniger hat er auch den übrigen Militär-Lehranstalten sein Interesse im reichsten Maße zugewendet. Das beweisen die Erweiterung des Kadettencorps durch Vermehrung der Zahl der Zöglinge in der Hauptanstalt, der Neubau eines Heims für dieselben in Lichterfelde bei Berlin, die Eröffnung der Vorbereitungsanstalten zu Plön und Oranienstein, sowie die Erweiterung der Kriegsakademie dergestalt, daß die bestehenden drei Coeten aus je zwei Parallelklassen zusammengesetzt wurden und die Zahl der alljährlich neueintretenden Akademiker von 50 auf 100 vermehrt werden konnte. Einen ferneren Beweis dafür liefert die im Jahre 1868 von ihm bearbeitete „Instruktion für den Umfang und die Methode des Lehrganges auf der Kriegsakademie".

Seine militärische Wirksamkeit schloß v. Peucker am 26. November 1872 ab. Nach seiner 60jährigen Jubelfeier erbat er seinen Abschied, der ihm durch folgende Kabinettsordre bewilligt wurde:

„Ihrem Mir. unter dem 10. d. M. ausgesprochenen Gesuche um Übertritt in den Ruhestand steht durch Ihre 63jährige Dienstzeit eine ebenso rühmliche als dringende Begründung zur Seite, die für Mich leider keine andere Entscheidung zuläßt, als daß Ich — wie hierdurch geschieht — Ihre Bitte erfülle und Sie mit der gesetzlichen Pension zur

Disposition stelle. Ich füge Mich somit der Notwendigkeit, aber Ich thue es mit tiefbewegtem Herzen und dem Ausdruck des vollsten Dankes und der wärmsten Anerkennung für Ihre ausgezeichneten Dienste. Wenn Ich Sie gleichzeitig zum Chef desjenigen Truppenteils, in dem Sie Ihre Dienstzeit begonnen — des Schlesischen Feldartillerie-Regiments Nr. 6, Corps-Artillerie —, ernenne und bestimme, daß Sie auch ferner à la suite des Kadettencorps zu führen sind, so wünsche Ich hierdurch Ihren Namen der Armee, um deren Offiziercorps Sie Sich so große Verdienste erworben haben, auch ferner zu erhalten und Ihnen gleichzeitig auszudrücken, daß Ich in dem Augenblick, wo Ich Ihre aktive Dienstzeit beschließe, des rühmlichen Verlaufs derselben und alles dessen, was Sie in so seltenem Maße durch eigne Kraft und eignes Verdienst erreicht haben, mit lebhafter Anerkennung eingedenk bin. Ich wünsche Ihnen von ganzem Herzen Glück zu einem solchen Beschluß Ihrer Dienstzeit und werde niemals aufhören, zu sein Ihr wohlgeneigter und dankbarer

Wilhelm."

Wie sehr dem hochverdienten General die Entwicklung des Kriegsschulwesens am Herzen gelegen hatte, beweist der Erlaß, den er bei seinem Ausscheiden aus dem Dienst (1. Dezember 1872) an die Offiziere der Kriegsschulen richtete:

„Die Innigkeit des Verhältnisses, welches durch die Organisation der Kriegsschulen mich in dem letzten Abschnitte meines Dienstlebens mit dem durch pflichttreue und opferfreudige Hingebung für den Dienst hervorragenden Offiziercorps derselben eng verknüpft hat, ist mir niemals so lebendig vor die Seele getreten als in dem gegenwärtigen Augenblicke meines Scheidens. Die unermüdliche Treue und Einsicht, mit welcher die Direktoren und Lehrer der Kriegsschulen mich in der, eine ununterbrochene Kette von schweren, durch die Sonderverhältnisse der Zeit herbeigeführten Kämpfen und Mühen gebildeten gemeinsamen Thätigkeit unterstützt haben, verleiht jedem einzelnen derselben das Ehrenrecht, für sich

aus seinem Sonderwirken einen Teil jener auf blutigen Schlacht=
feldern erprobten Gesamterfolge abzuleiten, für welche uns der
höchste Lohn, die Zufriedenheit unsres Königs und Herrn,
zu teil geworden ist und welche auch nicht nur in den
Reihen des Heeres, sondern selbst über die Grenzen des
Vaterlandes hinaus eine ehrende Anerkennung gefunden haben.
Aber nicht allein für diese erfolgreiche und redliche Unter=
stützung fühle ich mich verpflichtet, meinen oft persönlich aus=
gesprochnen Dank auch scheidend noch zu wiederholen, sondern
auch für die Thatsache, daß die innere Freudigkeit und opfer=
bereite Aufbietung aller Kräfte, mit welcher Jeder an seiner
Stelle seine Pflichten erfüllt hat, meine eigne innere Freudig=
keit an unserm Wirken unausgesetzt erhalten und meine Zu=
versicht auf einen befriedigenden Erfolg selbst bei der Lösung
der schwierigsten Aufgaben vor einem Ermatten bewahrt hat.

Die Erinnerung an diese Berührungen mit dem durch
Geist, Herz und militärische Charaktereigenschaften eng mit
mir verbunden gewesenen Offiziercorps der Kriegsschulen bildet
eine der wichtigsten Belohnungen meines langen und hoch=
bewegten Dienstlebens und ein geistiges Band, welches nicht
durch mein Scheiden aus dem Dienst, sondern nur durch
mein Scheiden aus dem Leben gelöst werden kann.

Mit warmem Herzschlage reiche ich in diesem Sinne jedem
Einzelnen im Geiste die Hand zum Scheidegruße mit dem
Wunsche, daß die Vorsehung die den Bedürfnissen des Dienstes
und den Anforderungen der Zeit entsprechende weitere Ent=
faltung einer Schöpfung segnen möge, zu welcher es mir
nur vergönnt gewesen ist, die Furchen zu ziehen, in welche
die Saat gesenkt worden ist, nicht aber noch in derjenigen
Periode wirksam zu werden, in welcher, vermöge des Auf=
hörens jener nachteiligen Sonderverhältnisse der Zeit, die un=
ausgesetzt zu bekämpfen waren, es möglich werden wird, die
volle Kraft der seither zwar nur unvollkommen, aber nichts=
destoweniger bereits segensreich entwickelten Keime zur Reife
einer reicheren Ernte großzuziehen."

Am 10. Februar 1876 schied General v. Peucker aus diesem Leben, und am 13. Februar wurden seine irdischen Überreste auf dem Dorotheenstädtischen Kirchhofe am Oranienburger Thore zu Berlin zur Ruhe bestattet, nachdem in der Wohnung in Gegenwart des obersten Kriegsherrn, der Prinzen des Königlichen Hauses, der in Berlin anwesenden Feldmarschälle und einer zahlreichen Trauerversammlung, unter der sich auch eine Deputation des Schlesischen Feldartillerie-Regiments Nr. 6 befand, die Einsegnung der Leiche stattgefunden hatte. — Ein thatenreiches, langes Leben war abgeschlossen, dessen Früchte fortleben werden in der preußischen Armee, solange in derselben geistige und wissenschaftliche Ausbildung und Fortbildung des Offiziercorps in ihrem Werte anerkannt bleiben.

von Holtzendorff.

Ich will das Andenken an den Generalleutnant von Holtzen=
dorff dadurch ehren und in Meiner Armee lebendig erhalten,
daß Ich dem 1. Rheinischen Feldartillerie=Regiment Nr. 8 den
Namen Feldartillerie=Regiment von Holtzendorff (1. Rheinisches)
Nr. 8 verleihe. Die ausgezeichneten Verdienste, welche sich dieser
General in Danzig und in dem Befreiungskriege, 1813 und
1814 bei dem Bülowschen Corps, 1815 als Commandeur der
gesamten Artillerie der mobilen Armee, erworben hat, werden
dem Regiment — dafür bürgt Mir seine ruhmvolle Vergangen=
heit — als Vorbild und als Ansporn zu gleich treuer Pflicht=
erfüllung gereichen.

Berlin, den 27. Januar 1889.

gez. Wilhelm R.

Karl Friedrich von Holtzendorff wurde geboren zu Berlin am 17. August 1764 als Sohn des Generalmajors Georg Ernst v. Holtzendorff und dessen Ehegattin Louise Dorothea gebornen Röbern und als Enkel des Königlichen Generalchirurgus der Armee und Leibchirurgus des Königs, Ernst Konrad Holtzendorff, der 1751 auf seinem Rittergute Colbitz im Magdeburgischen starb. Der Vater Georg Ernst v. Holtzen=dorff hat sich als Chef und General=Inspecteur der gesamten Artillerie um diese Waffe große Verdienste erworben. Er war in dieser Stellung der unmittelbare Nachfolger des Generals v. Dieskau. 1756 nach der Schlacht von Lowositz erhielt er den Orden pour le mérite und ward vom König „in Anbetracht der von ihm geleisteten rühmlichen Kriegsdienste, und insbesondere bei Schlachten und Belagerungen bezeigten tapfern Mutes und Standhaftigkeit, auch seiner vorzüglichen Eigenschaften" am 21. Januar 1767 mit seinen Nachkommen beiderlei Geschlechts in den Adelstand erhoben.

Seinen Sohn Karl Friedrich bestimmte er ebenfalls für die militärische Laufbahn, und zwar seiner eigenen Vorliebe ent= sprechend für den Dienst bei der Artillerie. Am 11. März 1778 leistete der erst Vierzehnjährige den Fahneneid und war damit den Reihen der vaterländischen Armee eingegliedert.

Sehr bald nach seinem Eintritt in das Heer wurde ihm Gelegenheit gegeben, seinen Mut vor dem Feinde zu beweisen. — Österreich, das seine Ansprüche auf Schlesien ein= für allemal hatte aufgeben müssen, richtete seine Blicke auf Bayern, woselbst sich bei dem nächsten Thronwechsel Aussicht auf Gebietserweiterung für den Kaiser Joseph zu eröffnen schien. Als der Kurfürst

Maximilian Joseph 1777 starb und mit ihm die jüngere Linie des Hauses Pfalz-Wittelsbach erlosch, wurde Karl Theodor, Kurfürst von der Pfalz, das Haupt der älteren Linie, nach unbestreitbarem Erbrecht zum Herrscher von Bayern eingesetzt. Mit ihm aber war eben erst Österreich, gestützt auf sehr schwache Erbansprüche, in Unterhandlung wegen Abtretung von Niederbayern getreten und ließ daselbst nun unverzüglich Truppen einrücken. Der schwache Fürst unterzeichnete einen ihm vorgelegten Abtretungsvertrag, und das Volk von Bayern erfuhr drei Tage nach der Huldigung für Karl Theodor, daß es plötzlich österreichisch geworden sei. In dieser Mißachtung der Rechte eines deutschen Reichsfürsten und eines deutschen Volksstammes lag eine Gefahr für Deutschland, bei welcher König Friedrich von Preußen kein ruhiger Zuschauer bleiben wollte. Die Machtstellung, die er sich im Siebenjährigen Kriege errungen hatte, glaubte er nun geltend machen zu müssen. So entstand der bayrische Erbfolgekrieg, der freilich in seinem Verlauf nicht viel Schlachtenruhm eintrug, aber doch Preußens Autorität insofern feststellte, als im Frieden zu Teschen der Wiener Vertrag zwischen Österreich und dem Kurfürsten Karl Theodor aufgehoben wurde. Diesem Feldzuge wohnte auch Karl Friedrich v. Holtzendorff als Freiwilliger bei; er empfing in dem Gefecht bei Trautenau die Feuertaufe.

Im Jahre 1779 wurde er Bombardier, 1781 Sekondeleutnant bei dem 1. Fußartillerie-Regiment, 1787 aber zur reitenden Artillerie versetzt. Er scheint beim König Friedrich Wilhelm II. in hoher Gunst gestanden zu haben, denn derselbe erteilte 1790 dem erst 26jährigen jungen Offizier die Anwartschaft auf eine Präbende des Domkapitels von Cammin.

Um eine zweite Teilung Polens, bei der auch Preußen einen Vorteil davontragen konnte, zu ermöglichen, zog König Friedrich Wilhelm II. an der polnischen Grenze ein Heer unter General v. Möllendorff zusammen, welcher, da die Verhandlungen mit Rußland sich in die Länge zogen, von drei Seiten her, von Schlesien, der Neumark und Westpreußen, in Polen einrückte.

An diesem Einmarsch war auch Karl Friedrich v. Holtzendorff mit einer reitenden Batterie beteiligt.

Die Teilung kam zwar zustande, aber wenige Jahre später erwachte der polnische Nationalgeist und es bildete sich eine geheime, über das ganze Land verbreitete Verschwörung. Noch einmal erhob sich 1794 die polnische Nation zum Kampfe — es war ihr Todeskampf. Auch bei dieser Gelegenheit that sich Holtzendorff durch seine Tapferkeit hervor. Nachdem er am 27. Juli dem Gefecht bei Wola vor Warschau beigewohnt hatte, trug ihm am 26. August sein umsichtiges und tapferes Benehmen im Treffen bei Wawriczow den Orden pour le mérite ein. Auch an der Belagerung von Warschau nahm er teil.

Im Jahre 1797 erfolgte seine Ernennung zum Premierleutnant bei der in Warschau, das durch den Teilungsvertrag von Petersburg, den 19. Oktober 1795, an Preußen gekommen war, neuformierten reitenden Artillerie, und schon 1798 ward er zum Stabskapitän befördert. Als Vertreter dieser Spezialwaffe scheint er schon damals eine gewisse Berühmtheit besessen zu haben, denn im August 1800 sandte der König von Sachsen einen Offizier nach Warschau, den Holtzendorff auf höhern Befehl mit der Einrichtung der preußischen reitenden Artillerie bekannt machen und in dem Dienste derselben instruieren mußte. Dieses Auftrages entledigte er sich mit solchem Erfolge, daß ihn der König von Sachsen durch die Übersendung eines Brillantringes auszeichnete.

Die durch den Schönbrunner Vertrag Preußen aufgenötigte Besitzergreifung von Hannover machte allerlei Truppenverschiebungen nötig. Dieselben sind wohl auch die Ursache, daß wir im Jahre 1805 Holtzendorff mit seiner reitenden Batterie in Hildesheim finden.

Es folgten nun Preußens Unglücksjahre; der traurige Ausgang der Schlachten von Jena und Auerstädt und die daran sich anschließenden Kapitulationen öffneten dem Feinde das Land. Wenige Tage nach der für Preußen so verhängnisvollen Doppelschlacht ist auch noch bei Halle ein schmerzliches Ereignis zu verzeichnen. Der Herzog Eugen von Württemberg hatte mit dem unter seinen Befehlen stehenden Reservecorps am 14. Oktober bei Halle auf dem rechten Saaleufer südlich der Stadt Stellung genommen. Diese Stellung hatte nach dem unglücklichen Ausgang der Schlacht von Jena und Auerstädt ihre Bedeutung verloren; vielmehr wäre danach dem Herzog die Aufgabe erwachsen, nach der mittleren Elbe zu eilen und die Übergänge bei Wittenberg und Roßlau so lange zu halten, bis die geschlagene Hauptarmee Zeit gewonnen hatte, sich unter den Mauern von Magdeburg zu ordnen und zu sammeln. Dennoch beharrte der Herzog in seiner Stellung und nahm in derselben am 17. Oktober gegen das Corps des Marschalls Bernadotte mit sehr ungleichen Kräften ein Gefecht an, das für die Tapferkeit und Ausdauer der Truppen ein rühmliches Zeugnis gab, aber zu einer völligen Niederlage ausschlug. Auch Holtzendorff war mit seiner Batterie bei diesem Gefechte thätig und wurde verwundet. Doch gelang es ihm, mit 180 reitenden Artilleristen und 200 Pferden nach Danzig zu entkommen. Ob er auf diesem weiten Marsche einem größeren Truppenteil sich angeschlossen, oder auf eigne Hand sich durchgeschlagen hat, läßt sich nicht feststellen.

Danzig hat neben Graudenz den Ruhm, die Ehre der preußischen Waffen in diesem Feldzug gewahrt zu haben. An der Eroberung dieser Weichselfestungen war Napoleon viel gelegen, um im Frühjahr zwei wichtige Stützpunkte für die Wiedereröffnung seiner Angriffsoperationen auf dem rechten Weichselufer in Händen zu haben.

Die Belagerung von Danzig übertrug Napoleon dem Marschall Lefèbvre, welcher die Festung seit dem 11. Mai 1807 mit einem 20 000 Mann starken, aus Franzosen, Polen, Sachsen und Badensern (Rheinbundstruppen) bestehenden Corps von allen Seiten umschloß. Zum Gouverneur der Festung hatte der König den General der Kavallerie Grafen Kalkreuth ernannt, dessen Ehrgeiz in der Verteidigung und Behauptung dieses festen Platzes eine stolze Befriedigung fand. Er wurde dabei durch eine tapfre und ausdauernde Besaßung und eine wohlgesinnte und opferfähige Bürgerschaft unterstützt. Auch Holtzendorff zeichnete sich bei dieser denkwürdigen Belagerung aus. Es war ihm das Kommando der Artillerie auf dem für die Sicherheit des Ortes so wichtigen Hagelberge übertragen, eine Aufgabe, die er mit solchem Geschicke löste, daß ihn der König als An= erkennung der von ihm geleisteten Dienste zum Major ernannte. Nach langer, tapfrer Gegenwehr mußte sich Danzig endlich er= geben gegen freien Abzug der Besaßung. Auch noch eine andre Auszeichnung wurde Holtzendorff für sein braves Verhalten zu teil; als er im Jahre 1808 in der Eigenschaft eines Adjutanten des Prinzen August von Preußen mit demselben nach Peters= burg reiste, verlieh ihm der Kaiser Alexander in Erinnerung der Verteidigung von Danzig den Georgsorden 4. Klasse.

Der Friede von Tilsit hatte in Preußen in allen Zweigen der Staatsverwaltung eine gänzlich veränderte Ordnung der Dinge veranlaßt und vor allem das Kriegswesen einer völligen Umformung und Reorganisation zugeführt. Eine solche sollte auch die Artillerie erfahren, zu deren Chef der König den Prinzen August ernannte. Der Prinz zog zuvörderst in Erwägung, welche Schritte nötig erschienen, um der Waffe bei ihrer Um= formung eine den Verhältnissen entsprechende Formation zu geben. So wurde denn die gesamte Artillerie in 3 Brigaden (Ost= preußische, Brandenburgische und Schlesische), in der Gesamt= stärke von 6000 Köpfen, jede Brigade zu 12 Fuß= und 3 reiten= den Compagnien formiert. Zu Brigadiers wurden Oberst= leutnant v. Oppen für die Preußische, Oberst v. Decker für die Brandenburgische, Major v. Holtzendorff für sämt= liche reitende Artillerie ernannt. Daß diese leßtere Waffe einen eignen Brigadier erhielt und dadurch mehr zu einer Einheit zusammen geschlossen wurde, war eine überaus zweck= mäßige Anordnung. Aber auch für Holtzendorff war es als eine große Auszeichnung anzusehen, daß ihm bei der Neu= formation der Prinz gerade diese Stellung zuwies. Zu Anfang der Befreiungskriege finden wir ihn als Commandeur der Ar=

tillerie beim Corps des Generals v. Bülow und schon im Ge=
fecht von Möckern am 5. April erwarb er sich durch seine
Tapferkeit das Eiserne Kreuz 2. Klasse. Während des Waffen=
stillstandes wurde er zum Oberstleutnant ernannt. Besonderes
Verdienst erwarb sich bei Bülows Truppen die Artillerie in der
Schlacht bei Großbeeren am 23. August. Beim Vormarsch
gegen den Feind befanden sich 48 Geschütze vor der Front des
linken Flügels. Nach einem sehr wirksamen Artilleriefeuer drangen
die preußischen Bataillone von der Ost= und Nordseite zugleich
in Großbeeren ein. Da die Gewehre wegen des Regens ver=
sagten, mußte die Entscheidung durch Kolben und Bajonette
herbeigeführt werden. Auch das Feuer der Geschütze konnte
durch den Regen nicht wesentlich beeinträchtigt werden. Als die
Dunkelheit einbrach, war der Feind aus Großbeeren heraus=
geschlagen. Alle Versuche, das Dorf wieder zu erobern, scheiterten
an dem Feuer der aufgefahrenen preußischen Geschütze und dem
tapfern Widerstande der Bataillone in Großbeeren. Für die
kühne und umsichtige Leitung der Geschütze an diesem heißen
Schlachttage belohnte der König Holtzendorff durch Beförderung
zum Obersten und durch Verleihung des Eisernen Kreuzes 1. Klasse.
Auch in der Schlacht bei Dennewitz am 6. September leistete
die Artillerie unter seinem Kommando Vorzügliches und sein Ver=
halten in der Völkerschlacht bei Leipzig trug ihm die Beförde=
rung zum Generalmajor ein.

Der Kriegslauf gestattete keine Rast; Blücher war bereits
aufgebrochen und blieb dem fliehenden Feinde unmittelbar auf
den Fersen. Bülow, bei dem sich Holtzendorff mit seiner Ar=
tillerie befand, sollte nördlich auf einer Seitenstraße vorrücken.
Über Minden und Münster marschierte er in Holland ein. Eine
Reihe holländischer Festungen wurden teils nach kurzer Be=
lagerung, teils durch kühnen Handstreich genommen. Holtzendorff
zeichnete sich besonders bei dem Sturm und Gefecht bei Arn=
heim, bei dem Bombardement von Gorkum und in den Ge=
fechten bei Antwerpen aus.

Im Februar 1814 verließ Bülow Holland um sich nach

Frankreich zu Blücher zu wenden. Von allen Seiten zogen nun
die Heeresmassen auf Laon, wo es am 9. März zu einer für
die Verbündeten siegreichen Schlacht kam. Die vortreffliche
Führung der Artillerie trug Holtzendorff den russischen Wladimir=
Orden 3. Klasse ein.

Nach der durch Napoleons Rückkehr von Elba notwendig
gewordenen Wiederaufnahme des Kampfes, erhielt Blücher den
Oberbefehl über die Armee, die sich in den Rheinlanden sammelte
und in Belgien einrücken sollte. Über die gesamte Artillerie bei
dieser Armee übernahm den Oberbefehl Generalmajor v. Holtzen=
dorff. In der Schlacht bei Ligny, in der die Artillerie mit
aller Kraft thätig war, wurde er verwundet.

Die aus dem glorreichen Feldzuge des Jahres 1815 zu=
rückkehrende preußische Artillerie erheischte schon durch ihre Stärke
ganz andere Rücksichten für eine abermals nötig gewordene Um=
formung als jener kleine Bestand, der im Jahre 1808 vorhanden
war. So entstand die damalige Formation in 9 Brigaden,
von denen eine dem Gardecorps zugeteilt wurde. Jede Bri=
gade bestand aus drei Abteilungen und erhielt in Summa
36 bespannte Geschütze. General v. Holtzendorff wurde das
Kommando über 3 Brigaden, der Gardebrigade, der Märkischen
und Sächsischen übertragen. Bald darauf erfolgte seine Er=
nennung zum Generalleutnant. Bei einem Besuch, den Kaiser
Alexander von Rußland dem Berliner Hofe abstattete, wurde
ihm General v. Holtzendorff bis Polangen entgegengesandt; und
vor der Rückreise des Monarchen verehrte derselbe ihm eine
kostbare Dose mit seinem (des Kaisers) Bildnis.

Im Jahre 1820 ernannte ihn der König zum Commandeur
der 2. Division in Danzig, dem Schauplatze seiner im Jahre
1806 geleisteten trefflichen Dienste. Im Jahre 1825 wurde ihm
durch Verleihung des Roten Adlerordens 1. Klasse mit Eichenlaub
ein neuer Beweis der Anerkennung seines Monarchen zuteil. In
demselben Jahre berief ihn der König zum General=Inspecteur
sämtlicher Militär=Erziehungs= und Bildungsanstalten, in welcher
Stellung er eine umfassende, segensreiche Thätigkeit entfaltete.

General v. Holtzendorff starb nach kurzer Krankheit am 26. September 1828 in demselben Hause, in dem er vor 64 Jahren geboren war. Das Heer verlor an ihm einen ausgezeichneten General, der als Führer wie als Kenner seiner Waffe, besonders aber der reitenden Artillerie, einen hervorragenden Platz in der preußischen Heeresgeschichte einnimmt. Er hatte 5 Schlachten, 19 Gefechten, 2 Belagerungen und 3 Bombardements beigewohnt. Mit Biedersinn und Herzlichkeit jedem entgegenkommend, der sich ihm im Privatleben wie im Dienst näherte, treu in seiner Freundschaft wie in der Erfüllung seines Berufes, genoß er eine allgemeine Liebe und Verehrung. Ein Zeugnis dafür war die großartige Beteiligung bei seiner am 29. September 1828 stattgefundenen Beerdigung, die mit allen seinem hohen militärischen Range gebührenden Ehrenbezeugungen vollzogen wurde. Am 27. Januar 1889 erhielt das 1. Rheinische Feldartillerie-Regiment Nr. 8 den Namen v. Holtzendorff. Dieses Regiment ist hervorgegangen aus der 1816 formierten 8. Artillerie-Brigade. Die Bestandteile, aus denen diese Brigade zusammengesetzt wurde, haben mit Holtzendorff früher in Beziehung, zum Teil unter seinem Kommando gestanden. So haben die 1. und 2. reitende und die 8. Fußcompagnie vor ihrer Zuteilung zur Brigade 1815 an der Schlacht bei Ligny, die 3. reitende Compagnie an der Schlacht von Dennewitz teilgenommen.

von Scharnhorst.

Ich habe beschlossen, die unübertroffenen Verdienste des Generalleutnants v. Scharnhorst, welche er sich in allen Stellungen, als Berater und Führer des Heeres, bei der Reorganisation der Armee, bei der Wehrhaftmachung des Vaterlandes und auf dem Schlachtfelde von Groß-Görschen erworben, wo er die Todeswunde empfing, dadurch zu ehren und für alle Zeiten in Meiner Armee lebendig zu erhalten, daß Ich dem 1. Hannoverschen Feldartillerie-Regiment Nr. 10 in Erinnerung daran, daß Scharnhorst aus der hannoverschen Artillerie hervorgegangen ist, den Namen Feldartillerie-Regiment von Scharnhorst (1. Hannoversches) Nr. 10 verleihe. Ich habe das Regiment für diesen besonderen Beweis Meiner Gnade und Meines Wohlwollens gewählt, weil Ich aus seiner ruhmvollen Vergangenheit die Bürgschaft entnehme, daß es die hohen Pflichten, welche ihm mit diesem Namen überkommen sind, stets voll zu erfüllen wissen wird.

Berlin, den 27. Januar 1889.

gez. Wilhelm R.

An das
1. Hannoversche Feldartillerie-Regiment Nr. 10.

In dem hannoverschen Pfarrdorf Bordenau wurde am 12. November 1755 dem „Brinksitzer" Ernst Wilhelm Scharnhorst von seiner Ehefrau Wilhelmine, geborner Tegtmeyer, der jüngsten Tochter des Freisassen und Gutsbesitzers Tegtmeyer, ein Sohn geboren, der in der heiligen Taufe die Namen Gerhard Johann David erhielt.

Als derselbe vier Jahre alt war, siedelte die Familie von Bordenau nach Hämelsee über, wo der Vater eine Pachtung übernahm und der kleine Gerhard nun den größten Teil seiner Knabenzeit verlebte.

Unter den fortwährenden Drangsalen des Siebenjährigen Krieges hatte die Familie mit manchen Sorgen zu kämpfen; die Kinder wurden deshalb tüchtig zur Arbeit herangezogen und gewöhnten sich frühzeitig an Entbehrungen. Eine Feuersbrunst, welche die Gebäude des Pachthofes zerstörte, wurde die Veran= lassung, daß die Familie nach dem nur wenige Stunden von Hämelsee entfernten Dorfe Bothmer übersiedelte, woselbst der Vater eine neue Pachtung übernahm. Der Unterricht, den hier der junge Gerhard in der Dorfschule genoß, war höchst mangelhaft und beschränkte sich auf Lesen, Schreiben, Rechnen und die einfachsten Religionswahrheiten.

Bei dem eisernen Fleiß des Vaters besserte sich bald die äußere Lage der Familie, so daß dieselbe in den Stand gesetzt wurde, in regen Verkehr mit der Nachbarschaft zu treten. Bei den Zusammenkünften wurden häufig allerlei merkwürdige Kriegs= erlebnisse erzählt, die der Knabe Gerhard mit unbeschreiblicher Spannung anhörte, und die den Wunsch in ihm rege machten, dereinst auch Soldat zu werden. Obwohl der Vater früher selbst als Quartiermeister in hannoverschen Diensten gestanden und das Soldatenleben lieb gewonnen hatte, schien es ihm doch bei seinen beschränkten Mitteln ratsamer, seinen Sohn für die Landwirtschaft zu bestimmen.

Ostern 1770 wurde der junge Scharnhorst konfirmiert. Es war die erste feierliche Handlung seines Lebens, die auf sein kindlich-frommes Gemüt einen tiefen und unvergeßlichen Eindruck machte.

Nach einem zu Gunsten der Familie durchgeführten Erbschaftsprozeß siedelte dieselbe nach ihrem früheren Wohnsitz Bordenau über, woselbst der Vater als Erbbesitzer und Freisasse in die Güter seines inzwischen verstorbenen Schwiegervaters eingesetzt wurde. Durch seine hervorragende landwirtschaftliche Thätigkeit kam er in nähere Berührung mit dem auf kriegerischem Gebiet berühmt gewordenen Grafen von Lippe-Bückeburg, der von nun an auf das Leben und die Ausbildung des jungen Gerhard Scharnhorst einen entscheidenden Einfluß ausübte.

Zwei bis drei Stunden von Bordenau befindet sich das sogenannte Steinhuder Meer, einer der bedeutendsten Landseen des nordwestlichen Deutschland. Auf einer in der Mitte desselben künstlich angelegten Insel erbaute Graf Wilhelm eine nach ihm Wilhelmstein benannte Festung. In dieselbe wurde außer der Besatzung auch eine Kriegsschule gelegt. In letzterer wurden reine und angewandte Mathematik, bürgerliche Baukunst, Physik, Naturgeschichte, Ökonomie, Geographie, Geschichte, vorzüglich Kriegsgeschichte, und als eigentliche Kriegswissenschaften Taktik, Artilleriekunde und Fortifikation gelehrt. Außerdem wurde in den neueren Sprachen, der Mathematik und dem Zeichnen Privatunterricht erteilt.

In diese militärische Lehranstalt wurde Gerhard Scharnhorst als ein Jüngling von 18 Jahren aufgenommen. Mit Eifer war er bemüht, die Versäumnisse in seiner bisherigen Ausbildung nachzuholen, was ihm bei seinem beharrlichen Fleiß auch bald gelang. Die Lehrer wurden auf den lernbegierigen, strebsamen Schüler aufmerksam und gleich bei der ersten öffentlichen Prüfung wurde er auf ehrenvolle Weise ausgezeichnet. Die dienstfreie Zeit benutzte er am liebsten dazu, sich Urlaub zum Besuch der Seinigen in Bordenau zu erbitten. Auch gewährten dem lebensfrohen Jüngling die Wanderungen in der Umgegend, zu denen die von dem Grafen angeordneten Vermessungen des Landes Veranlassung gaben, manche Genüsse, deren er sich noch in den späteren Jahren seines Lebens mit Vergnügen er-innerte.

Im September 1777 starb Graf Wilhelm und mit seinem Tode wurde auch das Weiterbestehen der Anstalt in Frage ge-stellt. Nachdem der junge Scharnhorst mit seinen Eltern über seine weitere Zukunft Rücksprache genommen hatte, faßte er den Entschluß, Kriegsdienste in seinem Vaterlande zu nehmen. In dieser Absicht wandte er sich an den Generalmajor v. Estorff, Chef des 8. Dragoner-Regiments in Nordheim, mit dem Ge-such um Aufnahme in dasselbe, und zu seiner Freude sah er seine Bitte mit wohlwollender Bereitwilligkeit erfüllt. Das Regiment war dasselbe, in dem einst sein Vater als Quartier-meister gedient hatte. Auf den Vorschlag des Generals v. Es-torff wurde er durch ein Rescript König Georg III. vom 28. Juli 1778 zum Titularfähnrich ernannt. So war denn der junge Scharnhorst auf den so heiß ersehnten Platz gestellt, der ihm die Aussicht auf eine ehrenvolle militärische Laufbahn eröffnete und zugleich Gelegenheit bot, die auf dem Wilhelmstein erworbenen Kenntnisse anzuwenden. In dem General v. Estorff fand er einen Chef, der in vorzüglichem Maße geeignet war, nicht nur persönlich für sich zu gewinnen, sondern auch die Ausbildung seiner Untergebenen auf alle Weise zu fördern. Zu diesem Zweck gründete er in seinem Stabsquartier Nordheim für sein Regiment eine Kriegsschule, in der bald auch Scharnhorst als Lehrer thätig war. Er unterrichtete in Mathematik, Zeichnen, in der Artilleriewissenschaft, in der Fortifikation, sowie in Ge-schichte und Geographie; und wurde durch die Klarheit seines Vortrages bald der Lieblingslehrer der Anstalt. Nebenbei trieb er mit gutem Erfolg allerlei Privatstudien. Unter anderm stellte er wichtige Untersuchungen über die Anwendung des Mikrometers bei Fernröhren an und erfand eine Einrichtung derselben zur Erleichterung richtiger Schätzung der Entfernungen. Auch begann er schon damals, die Materialien zu einer Reihe sehr genauer und wertvoller statistisch-militärischer Tabellen zu sammeln, deren Ergebnisse er später in seinen militärischen Zeitschriften und in seinem „Handbuch für Offiziere" bekannt machte. Seine Tüchtigkeit und Strebsamkeit zog die Aufmerksamkeit weiterer Kreise auf sich. Vorzüglich war es der Commandeur der Artillerie, Oberstleutnant v. Trew, der den jungen Scharnhorst als Lehrer an der in Hannover begründeten Artillerieschule zu gewinnen suchte. Scharnhorst folgte diesem Rufe und ging im Juli 1782 als dritter Fähnrich der Artillerie nach Hannover, wo sich ihm bald ein weiteres und lohnenderes Feld der Thätigkeit eröffnen sollte.

An der schnell aufblühenden Anstalt leistete Scharnhorst in seiner Lehrthätigkeit Hervorragendes. Da sich von Anfang an beim Unterrichte der Mangel eines brauchbaren und zweckmäßigen Lehrbuches fühlbar gemacht hatte, so entschloß sich Scharnhorst, dem dringenden Bedürfnis durch die Herausgabe eines Handbuches für Offiziere in den angewandten Teilen der Kriegswissenschaften abzuhelfen. Nach diesem Buche unterrichteten nunmehr sämtliche Lehrer der Anstalt, wodurch in ihre Vorträge eine zweckmäßige Übereinstimmung kam.

Auch in weiteren Kreisen des deutschen Vaterlandes wirkte Scharnhorst als Schriftsteller und übte dadurch einen dauernden Einfluß auf die Ausbildung der Kriegskunst aus. Außer militärischen Zeitschriften verfaßte er eine „Geschichte der Belagerung von Gibraltar", ein „Militärisches Taschenbuch zum Gebrauche im Felde", „Unterricht des Königs von Preußen an die Generale seiner Armeen" und verschiedene Rezensionen.

Was das Privatleben Scharnhorsts in dieser Periode betrifft, so muß rühmend hervorgehoben werden, daß er es verstand, sich mit seinen sehr beschränkten Mitteln einzurichten und nicht nötig hatte, sich mit Schulden zu belasten.

Bald nach seiner Übersiedelung nach Hannover hatte er den

Schmerz, seinen Vater zu verlieren. Nachdem die Erbangelegen=
heiten von ihm in sehr verständiger und gerechter Weise ge=
regelt waren, trat er zu seiner weiteren Ausbildung eine längere
Reise an, zu der ihm aus der Kriegskasse eine außerordentliche
Unterstützung bewilligt wurde. In München, Dresden, Berlin
und Potsdam orientierte er sich eingehend über militärische Ein=
richtungen und brachte einen wertvollen Schatz von Kenntnissen
mit nach Hause. Nach seiner Rückkehr nahm er mit neuem
Eifer seine Dienstgeschäfte auf, die jetzt hauptsächlich in prak=
tischen Einübungen der gemeinen Artilleristen bestanden. Als
Anerkennung seiner Leistungen wurde er 1784, also bereits im
Alter von 29 Jahren, zum „Titularleutnant" ernannt.

Obwohl Scharnhorst in größeren Gesellschaften durch sein
gerades, schlichtes Wesen leicht die verdiente Beachtung fand,
zog ihn doch ein inneres Bedürfnis vielmehr zu einem ver=
trauteren Umgang mit Freunden hin. Unter diesen trat ihm
Dr. Schmalz am nächsten, der nach beendeten juristischen Studien
zu seinen Eltern nach Hannover zurückgekehrt war und im Hause
derselben Scharnhorst einführte. Hier lernte letzterer die Schwester
seines Freundes, Clara, kennen, mit der er sich verlobte und im
April 1785 vermählte. Das Kirchenbuch zu Bordenau meldet
darüber:

„1785, den 24. April ist der Herr Lieutnant im Chur=
Hannöverschen Artillerie = Regiment Herr Gerhard Johann
David Scharnhorst mit der Demoiselle Clara Schmalz aus
Hannover allhier copulirt und zur ersten Ehe geschritten."

In seiner bescheidenen Häuslichkeit, an der Seite einer jungen,
liebenswürdigen Gattin, fühlte sich Scharnhorst ungemein glück=
lich. Zu seiner großen Freude wurde ihm am 16. Februar 1786
der erste Sohn geboren, der später in die Laufbahn seines Vaters
eintrat und als preußischer Generalleutnant a. D. im Jahre
1854 zu Berlin gestorben ist. — 1788 wurde er durch die Ge=
burt einer Tochter erfreut, die den Namen Julie erhielt. Moritz
Arndt nannte dieselbe später in seinen „Erinnerungen aus dem
äußeren Leben" in bewundernder Begeisterung „die unvergeßliche,

dem Vater ähnliche Tochter, die schönste Erbin des väterlichen Geistes".

Es kam nun die Zeit, in der sich Scharnhorst Gelegenheit bot seine militärischen Kenntnisse auch praktisch zu verwerten. Als am 1. Februar 1793 die neue Republik Frankreich die Kriegserklärung auch gegen den König von England und den Erbstatthalter von Holland ergehen ließ, wurde es Georg III., unterstützt von seinem großen Minister William Pitt, nicht schwer, die meisten Fürsten und Völker Europas zu einem Bündnis gegen Frankreich zu bewegen.

Das Kurfürstentum Hannover hatte auf Befehl des Königs Georg III. ein Armeecorps von 13 000 Mann unter dem Ober= befehl des Feldmarschalls v. Freytag ins Feld zu senden. Nach= dem Scharnhorst seine häuslichen Angelegenheiten sorgfältig ge= ordnet hatte, trat er am 18. März 1793 als Titularkapitän mit der 1. Division der hannoverschen Truppen wohlgemut den Marsch an, um in den Niederlanden vereint mit dem englischen Heere, an dessen Spitze der Herzog v. York stand, gegen die Feinde der Ruhe und Unabhängigkeit Deutschlands zu kämpfen.

Wie richtig Scharnhorst die Franzosen durch sein geschicht= liches Studium erkannte, ergibt sich aus dem Urteil, das er in seinem „Neuen Militärischen Journal" VI, S. 53 abgab, indem er sagt:

„Die französischen Soldaten sind meistens eitel, ungeduldig, schwatzhaft und weichlich. Sie rücken an, als wären sie des Sieges schon gewiß, weil sie von sich eine hohe Meinung hegen, Andere aber verachten; werden sie nun zurückgeschlagen, so kühlt sich ihre Hitze ab; Scham tritt an deren Stelle und demüthigt sie so sehr, daß sie nicht leicht zu einem neuen Angriff zu be= wegen sind. Aus Eitelkeit wollen sie ihre Fehler nicht gestehen, sie werfen also ihre Schuld auf ihre Anführer, werden auf= rührerisch und gehen durch. Daher sollte man in einem Kriege gegen die Franzosen sich zur Grundregel machen, sie stets in Bewegung zu halten, besonders bei üblem Wetter; sie beständig anzugreifen, und sie nie ihren eignen Dispositionen folgen zu laſſen, ſondern ſie zu zwingen, ſich nach den unſrigen zu richten. Ihre Ungeduld würde ſie dann bald zu einem Hauptfehler verleiten. Iſt aber ihr Anführer klug und ſchlägt ihnen ihr unvernünftiges Begehren ab, ſo begegnen ſie ihm verächtlich, werden aufrühreriſch und gehen davon."

Man glaubt in dieſer Beurteilung einen Propheten zu hören, wenn man damit die Erfahrungen vergleicht, die man in dem letzten deutſch-franzöſiſchen Kriege mit den Franzoſen gemacht hat.

Im erſten Stadium des Krieges nahm Scharnhorſt an dem Treffen bei Famars (23. Mai), ſowie an der Belagerung der am Zuſammenfluß der Ronelle und Schelde liegenden Feſtung Valenciennes teil, die am 28. Juli kapitulierte. Bei den folgenden kriegeriſchen Unternehmungen trat ſeine Klugheit und Geſchicklichkeit immer mehr ans Licht, ſo daß er im Auguſt die Führung einer Compagnie der reitenden Artillerie erhielt.

Eine außerordentliche Umſicht und Bravour entwickelte Scharnhorſt, als er im Feldzug 1794 unter General v. Hammerſtein in der am nördlichen Ufer des Lys liegenden Feſtung Menin von den Franzoſen eingeſchloſſen wurde. Hammerſtein hatte von Anfang an den Vorſat feſtgehalten, Menin ſo lange zu behaupten, als es Munition und Lebensmittel erlauben würden, dann aber ſich mit der Garniſon durchzuſchlagen. Dieſer Plan wurde in der That mit einem ſtaunenswerten Heroismus durchgeführt. Unter großen Verluſten gelang es dem General Hammerſtein, deſſen treuer Berater Scharnhorſt war, mit der Beſatzung die ſtarke feindliche Belagerungsarmee zu durchbrechen und ſich nach Brügge durchzuſchlagen. Die Relation, die der General v. Hammerſtein über dieſes Ereignis an den kommandierenden General, Grafen Wallmoden, ſandte, ſchließt mit den Worten: „Vor den Hauptmann Scharnhorſt aber erflehe ich auf das Dringendſte eine beſondere Gnade von Seiner Königlichen Majeſtät zu bewirken, da dieſer Mann, wenn je einem eine Belohnung vor etwas außerordentliches geworden, ſie jetzt in größter Maaße verdient."

Auch in den folgenden, für die Alliierten freilich ungünstigen Gefechten zeichnete sich Scharnhorst wiederholt aus. In Anerkennung seiner Verdienste wurde er am 30. Mai ins Hauptquartier zum General Wallmoden berufen und am 27. Juni zum zweiten Aide-Generalquartiermeister mit dem Charakter als Major ernannt.

Die ihm übertragene Stellung deckte sich nach unsern jetzigen Begriffen mit der eines zweiten Generalstabsoffiziers; in Wirklichkeit führte er die Geschäfte eines Chefs des Generalstabs. Es folgte nun jener unsagbare traurige holländische Feldzug, jene fortlaufende Reihe von Niederlagen ohne vorangegangene Schlachten, die jedes Soldatenherz aufs tiefste verwunden mußte. Scharnhorst hatte fast nichts als Rückzugsdispositionen zu entwerfen. Wie richtig er die Ursachen davon beurteilte, geht aus einem Brief hervor, in dem es heißt: „Wir geben den Feind nur überlegen an, um unsre Fehler der Welt zu verbergen, aber die Nachwelt wird sich nicht täuschen lassen."

Der Abschnitt des Feldzuges, der mit dem Fall von Herzogenbusch und der Räumung von Nymwegen schloß, war nicht dazu angethan, die bittere Stimmung, welche die frühern Ereignisse in Scharnhorst geweckt hatten, zu mildern. Indem er im November zurückschaute auf das, was er seit dem Sommer erlebt, war ihm nur das eine klar, daß man „gleichsam vorsätzlich" unterlassen habe, was sonst in allen Kriegen geschehen sei und daß diese Handlungsweise nicht zu vereinigen sei mit der Ehre und dem Wohl der Deutschen. Denn als Deutscher empfand und handelte er.

Das folgende Jahr 1795 brachte den Frieden und die Rückkehr in die Heimat. Im November zog Scharnhorst wieder in Hannover ein. Als die Gattin ihn an der alten Heimstätte empfing, trug sie auf dem Arme den Knaben, den sie ihm inzwischen geboren. Ein Feldzug lag hinter ihm, reich an Mühen und Entbehrungen, aber auch reich an Auszeichnungen und Ehren. Er hatte sich das unbegrenzte Vertrauen nicht nur des Höchstkommandierenden erworben; wohin er auch sonst im Laufe der

letzten Feldzugs=Periode geschickt worden war, überall waren ihm
die Generale gefolgt, als kommandiere er das Corps. Niemand
hatte es so gut wie er verstanden, schnell eine Disposition zu
entwerfen, Niemand so gut, während der Aktion alles in Ord=
nung zu halten. Wenn man seinen Rat unbefolgt gelassen, so
war es stets zum Schaden ausgeschlagen. Jedermann wußte
das, und von allen Offizieren genoß er die meiste Liebe und
das meiste Vertrauen.

Weder das trauliche Familienleben, das er nun wieder ge=
nießen konnte, noch der anregende Umgangskreis, den er ge=
funden hatte, vermochte seinem an rastlose und angestrengte
Thätigkeit gewöhnten Geiste die volle Befriedigung zu gewähren.
Er nahm daher mit frischem Eifer seine durch den Feldzug unter=
brochnen litterarischen Arbeiten wieder auf. Es erschien u. a.
eine mit großer Sorgfalt hergestellte Fortsetzung seines „Neuen
Militärischen Journals" unter dem Titel: „Militärische Denk=
würdigkeiten unsrer Zeiten, und besonders des französischen Re=
volutionskrieges". Neben der litterarischen Thätigkeit wandte er,
so lange er in Hannover blieb, seine Aufmerksamkeit mit allem
Eifer auch der Artillerieschule wieder zu, die durch den Krieg
in ihren gedeihlichen Fortschritten vielfach aufgehalten war.

Bald sollte er dieser Thätigkeit wieder entrissen werden. Da
die Franzosen die nach dem Baseler Frieden festgesetzte Demar=
kationslinie ohne Scheu verletzten, so konnte sich das preußische
Kabinett nicht länger die Gefahr verhehlen, welche der Neu=
tralität Norddeutschlands drohte. Es wurde deshalb beschlossen,
durch eine starke militärische Besetzung die Demarkationslinie zur
Anerkennung zu bringen. Hannover schloß sich dieser Maßregel
um so williger an, da es von einer französischen Invasion am
meisten zu fürchten hatte. Wallmoden war wiederum Ober=
anführer sämtlicher hannoverschen Truppen und Scharnhorst folgte
ihm als Aide=Generalquartiermeister. Am 11. November 1796
wurde er zum wirklichen Generalquartiermeister befördert. —
Eine andre Freude war ihm am Schluß des Jahres durch ein
Familienereignis beschieden. Aus der Heimat erhielt er die frohe

Nachricht, daß ihm seine Gattin am 29. Dezember eine Tochter geboren habe. Der Umstand, daß der Oberbefehl über sämt= liche Truppen der Cordons auf der Demarkationslinie dem Herzog Karl Ferdinand von Braunschweig anvertraut wurde, war die Ursache, daß dieser Feldherr die vorzüglichen Leistungen Scharn= horsts genauer kennen lernte. Durch persönlichen Umgang mit demselben erwachte in dem Herzog der Wunsch, Scharnhorst in preußische Kriegsdienste zu ziehen. Er benutzte daher die erste sich darbietende Gelegenheit, die Aufmerksamkeit des Königs von Preußen auf ihn zu lenken und fand um so leichter geneigtes Gehör, da der König gerade damals mit dem Plane umging, die bisherige Artillerieschule zu Berlin in eine großartigere mili= tärische Akademie umzuschaffen, zu deren Einrichtung und Lei= tung Scharnhorst mehr als irgend ein Andrer geeignet zu sein schien. Scharnhorst, der schon früher einen sehr ehrenvollen Ruf nach Dänemark abgelehnt hatte, war auch jetzt nicht gesonnen, den vaterländischen Dienst zu verlassen; doch durfte er es sich nicht verhehlen, daß die Pflicht gegen seine Familie ihm gebiete, den vorteilhaften Ruf in preußische Dienste wenigstens zur Ver= besserung seiner gegenwärtigen Lage zu benutzen. Er teilte da= her den erhaltenen Antrag seinem Chef, dem General v. Wall= moden, mit, und da derselbe sich gern bereit erklärte, ihn mit seiner Empfehlung zu unterstützen, so reichte er sofort ein Ge= such ein, in welchem er um eine Verbesserung seiner Stelle bat. Die Folge davon war, daß er durch Patent vom 1. August 1797 zum Oberstleutnant befördert wurde mit einer monatlichen Zu= lage von 45 Rthlr. 30 Mgr. Doch nur noch kurze Zeit blieb er seinem engern Vaterland erhalten. Als er auf die preußischen Anerbietungen verzichtete, hatte er vorausgesetzt, daß man dafür auch seinem gerechten Wunsche, später nach seiner Anciennetät ein Kavallerie = Regiment zu erhalten, entsprechen würde. Als er jedoch unter der Hand aus sicherer Quelle erfuhr, daß man sich an maßgebender Stelle dagegen erklärt hatte, so änderte er seine Ansicht und entschloß sich, den aufs neue an ihn ergangnen äußerst vorteilhaften Anträgen von Seiten Preußens Gehör zu geben.

Sein förmlicher Abschied erfolgte durch Kabinettsordre des
Königs Georg unter dem 19. Mai 1801. Ohne Säumen eilte
Scharnhorst nach Potsdam, um sich seinem neuen Kriegsherrn
vorzustellen. Gleich die erste Begegnung machte einen wohl=
thuenden Eindruck auf ihn, denn der König empfing ihn nicht
allein freundlich, sondern knüpfte auch gleich eine Unterhaltung
an, durch die er einen Einblick in die Fähigkeiten und militä=
rischen Kenntnisse Scharnhorsts thun konnte. Bald nach dieser
Audienz wurde er als Oberstleutnant im 3. Artillerie=Regiment,
welches nebst dem 1. Regiment die Hauptstadt Berlin als Gar=
nison hatte, mit dem Patent vom 14. Juni 1800 angestellt,
und ihm zugleich ein Teil des Unterrichts in der Akademie für
junge Offiziere übertragen.

So glänzend auch die Aussichten, die sich seinen Blicken für
die Zukunft eröffneten, anfangs erscheinen mußten, so sollte er
sich doch bald überzeugen, daß auch manche Verdrießlichkeiten
mit seiner neuen Stellung verbunden waren. Es fehlte ihm
nicht an Vorgesetzten und Mitarbeitern, die ihn nicht bloß um
seinen militärischen und litterarischen Ruhm, sondern mehr noch
um die Gunst des Herzogs von Braunschweig und des Königs
beneideten. Diese Leute ließen nicht leicht eine Gelegenheit, ihm
ihre Mißachtung auf allerlei Weise fühlen zu lassen, vorüber=
gehen. Scharnhorst übersah nach seiner vornehmen Art solche
Erfahrungen und ging ruhig und sicher seinen Weg.

Die Militärakademie der Artillerie, die bereits im September
1791 errichtet war, wurde 1801 hauptsächlich auf Scharnhorsts
Betrieb zu einer vollständigen Akademie auch für die jüngern
Offiziere der Infanterie und Kavallerie erweitert. Er übernahm
nicht nur den größten Teil des Unterrichts in derselben, sondern
besorgte auch allein die Leitung, da der mit der Direktion be=
auftragte Generalleutnant v. Geusau überhäufter Geschäfte wegen
daran verhindert war.

Die Methode des Unterrichts sowie die wohlwollende Ge=
sinnung Scharnhorsts gegen die geistig empfänglicheren Schüler
verfehlten ihre Wirkung nicht, und bald entstand unter den jungen

Offizieren des Heeres ein eifriges Verlangen, seine Vorlesungen zu besuchen. Das Gedeihen dieser Anstalt bestärkte Scharnhorst in dem Entschlusse, sie zu einer vollständigen Kriegsakademie zu erweitern und zu diesem Zwecke einen Plan zu entwerfen. Als der König davon Kenntnis erhalten hatte, befahl derselbe durch Kabinettsordre vom 21. Juni 1804 die neue Organisation nach Scharnhorsts Ideen auszuführen.

Wie Scharnhorst durch den Unterricht in der nunmehrigen Kriegsakademie auf den Geist und die Bildung der jungen Offiziere thatkräftig einzuwirken strebte, so suchte er auch bei den älteren und angeseheneren durch die Stiftung der noch heute bestehenden „Militärischen Gesellschaft" seinen Ansichten vom Kriege und der Kriegsführung Einfluß zu verschaffen.

Mitten in dieser für ihn so arbeitsreichen Zeit traf ihn der Verlust seiner Gattin, die ihm am 12. Februar 1803 durch den Tod entrissen wurde. Kaum ein Jahr darauf starb auch seine jüngste Tochter Emilie. Beide wurden in dem Gutsgarten zu Bordenau bestattet.

Zu dem Schmerz über diese Verluste traten die fortgesetzten Kränkungen der meisten Regimentskameraden, die ihn als Streber und pedantischen Gelehrten betrachteten. Hierdurch erwachte in ihm der Entschluß, die Artillerie zu verlassen, und bei dem König die Versetzung in eine andere Stellung nachzusuchen. Friedrich Wilhelm III., der Scharnhorst wegen seiner Kenntnisse und Fähigkeiten für unentbehrlich hielt, und ihn bereits 1802 zum Beweise der Anerkennung seiner Verdienste in den preußischen Adelstand erhoben hatte, versetzte ihn 1804 zur Entschädigung für die erlittenen Kränkungen in den Generalstab unter Beförderung zum Obersten und dritten Generalquartiermeister-Leutnant.

Es kam nun die Zeit, in der Scharnhorst Gelegenheit hatte, auch in den Reihen der preußischen, wie früher in denen der hannoverschen Armee, seine militärische Tüchtigkeit vor dem Feinde zu beweisen. Als im Jahre 1805 die Beziehungen zu Frankreich sich immer ernster gestalteten, stand er entschieden auf der

Seite derjenigen, welche den Krieg mit Aufwendung aller zu
Gebote stehenden Kräfte wünschten, obgleich er weit davon ent=
fernt war, die Dinge so rosig anzusehen, wie dies von den
meisten Offizieren der kriegslustigen Partei geschah.

Als der Krieg endlich beschlossene Sache war, wurde Scharn=
horst als Chef des Generalstabes zur Hauptarmee unter dem
Herzog von Braunschweig versetzt. Während der Schlacht bei
Auerstädt am 14. Oktober 1806 war er auf dem linken Flügel
beständig in und vor dem ersten Treffen und traf hier alle An=
ordnungen im Namen des Herzogs. Viermal führte er die
Infanterie vor und behauptete das Schlachtfeld, bis der rechte
Flügel völlig geschlagen war. Er verlor in der Schlacht sein
Pferd, erhielt eine Wunde in der linken Seite und schlug sich
zuletzt, so gut er konnte, zu Fuße durch.

Sein nächstes Bestreben war nun, die Artillerie zu retten.
In Nordhausen traf er mit Blücher zusammen, mit dem er
von nun an verbunden blieb. Beide Heerführer beschlossen, den
weiteren Rückzug vereinigt zu machen und sich so bald als mög=
lich an den bei Jena geschlagenen Fürsten von Hohenlohe, der
bei Magdeburg über die Elbe gegangen und auf Rathenow ge=
rückt war, anzuschließen, um sodann mit sämtlichen Truppen
die Oder zu gewinnen. Auf diesen Märschen war es, wo
Scharnhorst die Notwendigkeit einer Veränderung der Heeres=
verfassung, die ihm schon vor Ausbruch des Krieges vorgeschwebt
hatte, zur völligen Klarheit wurde.

Nach der unglücklichen Kapitulation bei Prenzlau wendete
sich Blücher nach Lübeck, wo Scharnhorst nach verzweifelter
Gegenwehr gefangen genommen wurde. Durch Blüchers Ver=
mittelung erfolgte jedoch nach kurzer Zeit seine Auswechselung.

Über die Leistungen Scharnhorsts bei diesem Rückzug schrieb
Blücher an den König:

„Vorzüglich finde ich mich verpflichtet, Eurer Majestät
besondrer Gnade den vortrefflichen, in jeder Hinsicht vortreff=
lichen Obersten v. Scharnhorst zu empfehlen, dessen fester
Entschlossenheit und einsichtsvollem Rate ein großer Teil des

glücklichen Ausgangs meines mühsamen Rückzuges zugeschrieben werden muß, indem ich es gern bekenne, daß ohne die thätige Hilfe dieses Mannes es mir kaum zur Hälfte möglich gewesen wäre, das zu leisten, was das Corps wirklich geleistet hat."

Blücher bestimmte ihn nunmehr dazu, die Kapitulation von Ratkau dem König nach Königsberg zu überbringen. Scharnhorst mußte, um den Franzosen auszuweichen, den weiten Weg der Küste entlang einschlagen, und kam nach einer äußerst beschwerlichen Reise am 4. Dezember im Hauptquartier des Königs zu Königsberg an. Er wurde äußerst gnädig und wohlwollend aufgenommen und zum Chef des Generalstabes im Corps des Generals v. Lestocq bestimmt, welches einen der russischen Armee unter dem Oberbefehl des Grafen Bennigsen beigeordneten preußischen Heeresteil bilden sollte. So kam es, daß Scharnhorst an dem Feldzuge des Jahres 1807 teilnahm, der zwar in seinem Erfolge keineswegs glücklich genannt werden kann, in welchem aber das preußische Heer die alterprobte Tapferkeit bewies, und die so schmählich verlorne Waffenehre wieder herstellte.

Scharnhorst hatte in seiner neuen Stellung mit vielen Schwierigkeiten zu kämpfen. Der General Lestocq war zwar ein in der Schule des Siebenjährigen Krieges gebildeter Feldherr, tapfer, unerschrocken und der Sache seines Königs mit glühender Begeisterung ergeben, aber es machten sich die Folgen seines hohen Alters doch sehr fühlbar; auch verstand er es nicht, eine Menge von unberufenen Ratgebern, die sich in seinem Hauptquartier gesammelt hatten, in die gebührenden Schranken zurückzuweisen.

Nicht minder schwierig war die Lage, in der sich Scharnhorst als Chef des Generalstabes dem russischen Hauptquartier gegenüber befand. Die Russen betrachteten das verhältnismäßig kleine Heer der Preußen nicht ohne Geringschätzung, und das preußische Hauptquartier wurde von den Befehlen der Russen zum Nachteil des Ganzen völlig abhängig.

Trotz dieser Schwierigkeiten gelang es Scharnhorst, seine

Tüchtigkeit zur Geltung zu bringen. Besondere Verdienste erwarb er sich in der Schlacht bei Eylau am 7. und 8. Februar. Was Napoleon mit dieser Schlacht beabsichtigte, erreichte er nicht, denn sein Plan, das verbündete Heer mit einem Schlage zu vernichten und so dem auch ihm lästig gewordnen Kriege rasch ein Ende zu machen, war gescheitert, und zwar vorzugsweise durch den Kraftaufwand gegen das schwache, preußische Corps und die Geschicklichkeit, mit welcher dieses die feindlichen Kräfte band und täuschte, um das Schlachtfeld zu gewinnen und hier die drohende Niederlage durch sein überlegtes, tapfres Eingreifen aufzuhalten. Sowohl der hierbei ausgeführte geschickte Flankenmarsch als das rechtzeitige Eingreifen der Preußen ist das Verdienst Scharnhorsts, und ohne Zweifel würde der Ausgang der Schlacht ein andrer geworden sein, wenn sie nach seinem wohlberechneten Plane fortgesetzt worden wäre. Der König verlieh ihm in Anerkennung seiner Leistungen den Orden pour le mérite.

Im weiteren Verlauf kam es zwischen Scharnhorst und dem General Lestocq wegen offenbarer grober Fehler des Letzteren nochmals zu heftigen Auftritten. Zuletzt ließ sich Scharnhorst nicht mehr halten, verließ das Corps und ging zum König nach Memel, wo er mit ausgezeichnetem Wohlwollen aufgenommen wurde.

Seitdem blieb Scharnhorst fast ununterbrochen in der nächsten Umgebung des Königs. Der reiche Schatz seiner Kenntnisse und Erfahrungen, sein edler, sich stets gleichbleibender Charakter und seine uneigennützige Hingebung machten ihn demselben immer lieber und begründeten das unbedingte Vertrauen, welches der König ihm fortan schenkte.

Nach dem Tilsiter Frieden war Scharnhorst einer von den Männern, die es sich zur Aufgabe machten, die Kräfte des hart mitgenommenen preußischen Staates zu stärken und denen die Wiedergeburt desselben hauptsächlich zu verdanken ist. Um die Reorganisation des preußischen Heeres hat sich Scharnhorst unsterbliche Verdienste erworben. Boyen konnte mit vollem Recht

von ihm sagen: „Er war zu dem Geschäft einer neuen Heeres=
bildung vollständig befähigt, denn Kriegs= und Weltbildung ver=
einigten sich bei ihm in seltener Weise, und erzeugten mit der
Schärfe seines Urteils und seiner edlen Gesinnung die richtigen
Erfordernisse eines Kriegsgesetzgebers."

Kaum war der König mit seiner Gemahlin von Tilsit nach
Memel zurückgekehrt, so beförderte er Scharnhorst unter dem
17. Juli 1807 zum Generalmajor, und kündigte ihm zugleich
die Einsetzung einer Militärreorganisations=Kommission an, zu
deren Präsidenten er ihn bestimmt habe.

Zu Mitgliedern dieser Kommission wurden die tüchtigsten
und bewährtesten Männer ernannt, unter denen aber besonders
neben Scharnhorst noch Gneisenau, Grolman und Boyen her=
vorleuchteten.

Der König bezeichnete eigenhändig die Punkte, welche in der
Kommission zur Beratung und zur nähern Bearbeitung kommen,
und dann für die neue Schöpfung die Grundlage abgeben
sollten. Der Inhalt dieser Ideen ist, kurz zusammengefaßt,
folgender:

1) Reinigung des Offiziercorps von physisch und moralisch
   unwürdigen Elementen;
2) ein verbesserter Avancementsmodus der Offiziere, freiere
   Konkurrenz der Nichtadeligen zu den Offizierstellen;
3) Abschaffung des Ausländer= und Werbesystems;
4) Verminderung der Exemtionen in der Militärpflicht;
5) Aufhebung der Regimentskantons und Bildung größerer
   Ersatzbezirke (nach Art der jetzigen Brigadebezirke);
6) permanente Einteilung der Armee in Divisionen und
   Corps;
7) Vereinigung der Kavallerie zu größeren taktischen Körper=
   schaften;
8) Abschaffung der entehrenden Militärstrafen und Umarbei=
   tung der Kriegsartikel;
9) Verbesserung der Bekleidung, namentlich durch Einführung
   der Mäntel bei der Infanterie;

10) Gewährung fester auskömmlicher Gehälter an die Compagniechefs, dafür aber

11) Abschaffung aller nicht aus solchen fließenden und zu Mißbräuchen führenden Einnahmen;

12) Verminderung und Vereinfachung der Bagage;

13) Übung der Infanterie im Scheibenschießen;

14) Erleichterung und Verbesserung des Artillerie-Materials;

15) Einführung der Fahrkanoniere;

16) Abschaffung der Regiments-Artillerie, und Zusammenstellung derselben in Batterien;

17) Selbstanfertigung der Montierungsstücke durch Soldaten.

Zunächst nahm die Kommission die Punkte der Königlichen Vorlage in Angriff, welche die Läuterung des Offiziercorps zum Gegenstand hatten. Fähigkeiten und Kenntnisse sollten beim Avancement den Ausschlag geben.

Sodann wurde die Einteilung der Armee in größere Truppenkörper (Corps und Divisionen) auch für Friedenszeiten vorgesehen. Die ganze Armee sollte aus drei Corps bestehen, aus dem Schlesischen, dem Preußischen und dem Märkisch-Pommerschen. Weiter sprach sich die Kommission für das gänzliche Aufhören der ausländischen Werbungen aus. Auch der Aufhebung der Regiments-Kantons, um die Kantonierten nach ihren Beschäftigungen, Gewerben und sonstigen Qualitäten besser für die verschiednen Truppengattungen benutzen zu können, stimmte die Kommission bei.

Auch in den übrigen Punkten schloß sich die Kommission genau der königlichen Vorlage an. Trotzdem gebührt ihr das Verdienst, die in derselben angeregten Gedanken nicht nur klarer und vollständiger ausgesprochen, sondern auch systematisch in bestimmte Formen übergeführt und dadurch der Ausführung zugänglich gemacht zu haben.

Scharnhorsts Verdienst ist es, der Vorlage des Königs auch neue Ideen hinzugefügt zu haben. Nicht bloß das stehende Heer sollte nach seiner Meinung umgebildet und die Taktik aller Waffen nach den Erfordernissen der neuern Kriegsführung völlig umgeändert, sondern auch im ganzen Volke der kriegerische Geist geweckt werden, um dadurch die Nation mit der Armee in engere Verbindung zu bringen. Dadurch wurde er der Schöpfer eines neuen Heerwesens, das sich in der Zeit des Kampfes glänzend bewährte. Bereits am 31. Juli 1807 sprach Scharnhorst diesen Gedanken in einem dem König überreichten „Memoire über Landesverteidigung einer Nationalmiliz" aus.

Daß mit der geringen Kriegsmacht, die Preußen nach dem Tilsiter Frieden nur halten konnte und durfte, dasselbe nicht in der Lage war, bei der Lösung der großen europäischen Macht= fragen, die in nächster Zeit erfolgen mußte, im Rate der Mächte ein gewichtiges Wort mitzusprechen, erkannte sowohl der König als Scharnhorst. Darum sann der Letztere fortwährend auf Mittel, um die Wehrkräfte des Landes zu vermehren. So ging denn weiter auf seinen Antrieb aus der Reorganisationskommission ein vorläufiger „Entwurf der Verfassung einer Reservearmee" hervor (31. August). Es ist der große Gedanke der allgemeinen Wehrpflicht, welcher aus diesem Entwurfe hervorleuchtet, und in seinen Hauptpunkten einen bestimmten Ausdruck findet. Die= selben lauten:

§ 1. Alle Bewohner des Staates sind geborne Verteidiger desselben.

§ 2. Alle streitbaren Männer des Staates, welche sich nicht selbst bewaffnen, kleiden und in dem Gebrauch der Waffen auf eigne Kosten üben können, werden auf Kosten des Staates gekleidet, bewaffnet und geübt.

§ 3. Alle streitbaren Männer zwischen 18 und 30 Jahren, welche nicht in die Klasse § 2 gehören, bewaffnen, kleiden und üben sich im Frieden auf ihre Kosten. Sie bilden die Reservearmee.

§ 5. Die Reserve=Armee ist zur innern Ruhe des Staates und zur Defension des Landes gegen einen angreifen= den Feind bestimmt. Sie verläßt nur dann ihre Provinz, wenn die Deckung der Monarchie es er= fordert. Sie wird, sobald sie zusammengezogen ist, mit Brot und Fleisch verpflegt, und sobald sie den Bezirk verläßt, in welchem die Individuen der Bataillons und Escadrons zu Hause gehören, vom Staate besoldet

u. s. f.

Der König legte den Entwurf der Kommission nebst einem Begleitschreiben Gneisenaus dem Minister v. Stein vor, welcher ohnedies zu den Mitgliedern der Militärkommission in nahen Beziehungen stand, und die von ihnen angeregten Grundgedanken — Nationalbewaffnung, Landwehr, militärische Erziehung des Volkes — mit lebhafter Zustimmung ergriff. Dennoch mußten sowohl dieser, als alle andern Pläne zu einer allgemeinen Landesbewaffnung der politischen Verhältnisse halber noch zurückgelegt werden, bis unter dem Anstoß großer Ereignisse von außen fünf Jahre später der Entwurf, allerdings in sehr veränderter Gestalt, in der königlichen Verordnung (vom 17. März 1813) betreffend die Einrichtung der Landwehr ins Leben trat. Scharnhorst aber muß nach dem bestimmten Urteil sachverständiger Zeitgenossen als der eigentliche Schöpfer des preußischen Landwehrsystems angesehen werden.

In der Zeit der Not gab auch Scharnhorst neben vielen andern ähnlich handelnden Patrioten ein schönes Beispiel von Opferwilligkeit, indem er freiwillig auf einen Teil seines Gehaltes als Generalmajor verzichtete. Der König aber ergriff die nächste Gelegenheit, ihm eine Unterstützung auf anderm Wege zufließen zu lassen, indem er ihm schrieb:

„Mein lieber Generalmajor v. Scharnhorst!

Eingedenk der Euch bei Eurem Uebergange von der Artillerie zum General=Quartiermeister=Stabe ertheilten Versicherung, habe Ich Euch nun die, durch den Abgang des Generals von Köhler, vakant gewordne Amtshauptmannschaft Rügenwalde verliehen, und dem General=Cassen=Departement aufgetragen, das Einkommen derselben von 500 Thalern jährlich, Euch von dem Zeitpunct ihrer Erledigung ab, anzuweisen. Ich freue mich, dadurch eine neue Gelegenheit ge-

funden zu haben, Euch zu beweisen, daß Ich bin Euer wohl=
affectionirter König

Friedrich Wilhelm.

Memel, 17. August 1807."

Als durch Kabinettsordre vom 25. November 1808 ein
eignes Kriegsministerium oder Kriegsdepartement als fünfte Ab=
teilung des Staatsrates eingerichtet wurde, eruannte der König
Scharnhorst zum Chef desselben. Seine Thätigkeit in dieser
neuen Stellung erfuhr eine Unterbrechung durch eine Reise
nach Petersburg, die er im Gefolge des Königs im Dezember
1808 antrat. Den Aufenthalt daselbst benutzte er größtenteils
dazu, die innern, besonders die militärischen Verhältnisse
Rußlands genauer kennen zu lernen. Nach seiner Rückkehr
beschäftigte er sich neben der Sorge für die Festungen und
neben der Ausbildung des Ingenieurcorps und des General=
stabes vorzugsweise mit der Verbesserung und Hebung der Ar=
tillerie, zu der er von jeher eine angeborne Hinneigung ge=
zeigt hatte.

Auch an schmerzlichen Erfahrungen fehlte es Scharnhorst in
dieser Zeit nicht. Es wurde dem König vorgeredet, daß die
meisten Mitglieder der Reorganisations=Kommission nichts weiter
beabsichtigten, als die alte, strenge militärische Disziplin durch
ihre neuen Ideen zu lockern und das Ansehen des Königs zu
untergraben. Allmählich hafteten bei Letzterem diese Anschul=
digungen, und er sprach in einer mißmutigen Anwandlung
Scharnhorst seine Unzufriedenheit aus. Diese Kränkung ver=
mochte letzterer nicht zu ertragen. Sofort begann er eine Recht=
fertigungsschrift auszuarbeiten, und überreichte sie nach ihrer
Vollendung dem König und den Ministern, fest entschlossen, um
seinen Abschied aus den preußischen Diensten zu bitten, und die
vielen Verbindungen, die er mit Freunden und Gönnern in
England hatte, für seine momentane Lage zu verwerten. Der
König, durch Scharnhorsts Denkschrift eines Bessern belehrt,
überzeugte sich davon, daß er durch falsche Anklagen der Gegner
verleitet, dem treuen Diener Unrecht gethan habe; er suchte es

daher durch offnes Vertrauen wieder gut zu machen und von dem Abschiedsgesuch war nicht weiter die Rede.

Ein freundlicher Lichtblick in seinem Familienleben war die am 10. November 1809 vollzogene Vermählung seiner geliebten Tochter Julie mit dem Grafen zu Dohna-Wartenberg-Schlobitten, Hauptmann im Generalstabe. Nur wenige Jahre war Scharnhorst Zeuge der glücklichen Ehe seiner einzigen Tochter, aber er benutzte jede Gelegenheit, letztere in seiner Nähe zu haben und fand in diesem Zusammensein Entschädigung für manche trübe Erfahrung.

Im Dezember 1809 siedelte Scharnhorst mit dem König von Königsberg nach Berlin über, wo er sofort seine Thätigkeit wieder aufnahm.

In einer schwierigen Lage befand er sich dem König gegenüber, wenn er Vorschläge nicht bloß über Vervollkommnung, sondern auch über Vermehrung des Heeres zu machen hatte. Da der König in dem letzten Pariser Vertrage die Verpflichtung eingegangen war, das Heer auf 42 000 Mann zu beschränken, so gestattete ihm seine große Gewissenhaftigkeit nicht, in irgend einen Vorschlag zu willigen, der die Überschreitung dieser Präsenzstärke bezweckte.

Scharnhorst mußte von seinem Standpunkt aus anders denken als der König. Er stand an der Spitze des Heeres, dessen Beruf es war, das Vaterland zu schützen und zu verteidigen; so erschien ihm denn auch jedes Mittel erlaubt, hinter dem Rücken der französischen Späher Heer und Volk zum Kampf so tüchtig als möglich zu machen, damit es das schimpfliche Joch der aufgezwungenen Gewaltherrschaft abwerfen könnte, sobald ein günstiger Zeitpunkt dazu sich fände. Als er sich davon überzeugte, daß er den König zu einer direkten Vermehrung des Heeres nicht würde bewegen können, so nahm er den Gedanken an das „Krümpersystem" wieder auf, der schon in den Beratungen der Reorganisationskommission aufgetaucht war. Es bestand darin, daß man das stehende Heer von 42 000 Mann der Zahl nach zwar beibehielt, aber die Zahl der Offiziere be-

deutend vermehrte und die zum Dienst ausgehobenen Mann=
schaften nur so lange in Reihe und Glied bei der Fahne beließ,
als zu ihrer notdürftigen militärischen Ausbildung erforderlich
war, sie dann unter Vorbehalt wieder entließ und durch Neu=
ausgehobne ersetzte. Dieser Wechsel geschah in der Regel alle
drei Monate. Dadurch machte es Scharnhorst möglich, in einer
verhältnismäßig kurzen Zeit eine große Zahl von notdürftig
ausgebildeten Leuten einziehen und das stehende Heer mindestens
um das Dreifache vermehren zu können. Die Neuheit der Idee
und die Vorsicht, mit der sie verwirklicht wurde, entzog die ge=
wichtigen Vorgänge den Späherblicken des Feindes.

Je größer nun die Anforderungen wurden, die Scharnhorst
an die höhern Offiziere des kleinen Heeres stellen mußte, desto
schneller wuchs die Zahl seiner Gegner, die sich von dem alten
Schlendrian nicht trennen mochten. — Beim König war gegen
Scharnhorst nichts mehr zu erreichen, so verdächtigten sie ihn
beim französischen Gesandten, als ob er heimlich mit England
Verbindungen anknüpfe. Napoleon, gegen alles erbittert, was
mit England in Beziehung stand, schenkte den Anklagen leicht
Glauben und befahl dem Gesandten, dem König von Preußen
zu erklären, er wünsche, daß der General v. Scharnhorst nicht
länger dem Kriegsministerium vorstehe.

Als Scharnhorst von diesem Vorgang Kunde erhielt, bat er
den König selbst um seine Entlassung aus dem Ministerium,
um jeden Vorwand zu allen weitern Maßregeln abzuschneiden,
und erbot sich, jede Stelle, die ihm der König bestimmen würde,
anzunehmen, wenn sie ihm nur gestatte, seine Thätigkeit für das
Heer, seinen Widersachern unbemerkt, fortzusetzen.

Der König bestimmte nun den Obersten v. Hake zum nomi=
nellen Vorstand des Kriegsministeriums, ließ sich aber von dem=
selben das Versprechen geben, alle Anordnungen und Einleitungen
der wichtigern Geschäftsgegenstände des allgemeinen Kriegsdeparte=
ments, soweit es heimlich geschehen könnte, mit Scharnhorst sorg=
fältig zu überlegen und ohne dessen Zustimmung keine Sache
von Bedeutung auszuführen. Trotz des scheinbaren Personal=

wechsels blieb also Scharnhorst die eigentliche Seele des preußischen Heerwesens.

Wir sehen ihn in dieser Zeit hauptsächlich mit den Übungen der Truppen, der Anschaffung und Anfertigung von Waffen und Munition, der Anlegung von Feldlagern und der Verstärkung der Festungen eifrig beschäftigt. Das Krümpersystem ward vollständig ausgebildet, die Artillerie auf 120 Geschütze vermehrt; die schwereren Festungsgeschütze in Feldgeschütze umgegossen und durch wohlfeilere eiserne ersetzt.

Im Jahre 1811 wurde Scharnhorst zu zwei diplomatischen Sendungen verwendet. Im September begab er sich auf Befehl des Königs nach Petersburg, wo er mit dem Kaiser Alexander gemeinsame militärische Maßregeln verabreden sollte. Derselbe sprach sich zwar sehr freundlich über sein Verhältnis zu Preußen aus, sagte aber zunächst nur eine Besetzung des Herzogtums Warschau zu, falls Preußen angegriffen würde.

Als Napoleon hierauf Preußen zu einem Bündnis zwingen wollte, sandte der König Scharnhorst nach Wien, um daselbst eine Frage um Rat und eine Bitte um Hilfe zu überbringen. Es gelang ihm jedoch nicht, irgend ein bestimmtes und entscheidendes Resultat zu erzielen.

So blieb dem König nichts übrig, als mit Frankreich das verlangte Bündnis gegen Rußland einzugehen. Im Sommer 1812 erbat sich Scharnhorst einen Urlaub, um die Schlachtfelder in Österreich zu studieren. Er hielt sich jedoch vorwiegend in Schlesien auf, wo er neben seinen litterarischen Arbeiten mit der vollständigen Ausrüstung der Festungen beschäftigt war.

Nachdem die Nachricht von der Kapitulation Yorks zu Tauroggen in Berlin bekannt geworden war, hielt sich der König daselbst nicht mehr für sicher, und reiste mit seiner Familie nach Breslau ab, woselbst ihn Scharnhorst bereits mit Sehnsucht erwartete. Nun war die Zeit gekommen, daß die von demselben bereits vorbereiteten und im Geheimen betriebenen Pläne frei und offen ins Leben gerufen werden konnten. Der erste Schritt dazu war die Errichtung von freiwilligen Jägerdetachements durch den Aufruf vom 3. Februar 1813. Sodann wurde Scharnhorst an den Kaiser von Rußland nach Kalisch abgesandt, woselbst er mit demselben ein Schutz- und Trutzbündnis abschloß, in welchem Rußland 150000, Preußen außer den Festungsbesatzungen 80000 Mann zu stellen sich verpflichtete, und zu dessen Beitritt Österreich, Schweden und England eingeladen werden sollten. Nur durch die stillen Vorbereitungen Scharnhorsts und durch die Opferwilligkeit des Volkes war Preußen ungeachtet des jahrelangen, unerhörten Druckes imstande, eine solche Macht zum Kampfe zu stellen.

Nach seiner Rückkehr nahm die Errichtung der Landwehr und des Landsturms Scharnhorsts Thätigkeit sehr in Anspruch. Als am 17. März der Aufruf des Königs erschien, sah Scharnhorst seine seit Jahren vorbereitete Arbeit vollendet. Einen neuen Beweis seiner wohlwollenden Gesinnung gab ihm der König damit, daß er ihn unter dem 11. März zum Generalleutnant und zum Generalquartiermeister der Armee ernannte. Als solcher war er zwar beim Blücherschen Corps angestellt, da ihm indessen auf seinen Vorschlag Gneisenau als zweiter Generalquartiermeister beigegeben war, so gestattete ihm der Dienst, durch seine persönliche Anwesenheit in den verschiedenen Hauptquartieren Übereinstimmung in den Entwürfen herbeizuführen. Erst im April folgte er Blücher nach.

Am 2. Mai kam es bei Großgörschen zur Schlacht. Die Franzosen mußten erkennen, daß sie jetzt in der preußischen Armee einen andern, ebenbürtigeren Gegner vor sich hatten, als im Feldzug 1806 und 1807. Bei dem letzten Angriff, der abends zwischen 6 und 7 Uhr erfolgte, wurde Blücher leicht, neben ihm der junge tapfre Prinz von Hessen-Homburg tödlich verwundet; auch Scharnhorst erhielt eine Schußwunde am Bein, die später seinen Tod herbeiführen sollte.

Gleich nach seiner Verwundung verließ er, begleitet von seinem jüngsten Sohn August, der während der Schlacht stets in seiner Nähe geblieben war und Adjutantendienste bei ihm verſehen hatte, das Schlachtfeld mit der Überzeugung, daß die Schlacht gewonnen ſei. Er begab ſich zunächſt nach Pegau, wo ihm die Kugel herausgeſchnitten wurde und ſodann nach Dresden. Die Ärzte verſprachen ihm in vier Wochen völlige Wiederherſtellung. Wegen ſeines rühmlichen Verhaltens verlieh ihm der König das Eiſerne Kreuz 2. Klaſſe.

Je mehr ſich Scharnhorſt davon überzeugte, daß bei der Schwäche und Selbſtſucht der Ruſſen, ohne den Anſchluß der Öſterreicher an die Verbündeten kein glücklicher Ausgang des Krieges zu erwarten ſei, deſto lebhafter wünſchte er ſelbſt nach Wien zu gehen, um dem unentſchloſſenen Zaudern des öſter= reichiſchen Kabinetts ein Ende zu machen. Der König wollte in Beſorgnis um die Geſundheit ſeines treuen Generals an= fangs nicht einwilligen, ſtimmte aber endlich mit ſchwerem Herzen zu. — In Zittau mußte Scharnhorſt eine Zeit lang liegen bleiben, weil ein heftiges Wundfieber ſich einſtellte. Hätte er ſeine Heilung hier abgewartet, ſo wäre noch alles gut gegangen, aber die Ungeduld trieb ihn weiter. In Prag verſchlimmerte ſich ſein Zuſtand wiederum. Am 28. Juni 1813 ſtarb er im 58. Jahre ſeines Lebens im feſten Glauben an ſeinen Heiland und mit dem weisſagenden Wunſche, daß Gott dem Vaterlande, für das er gelebt und gewirkt hatte, die Freiheit und Unabhängigkeit wieder verleihen werde.

Am 30. Juni wurde er mit allem militäriſchen Glanz eines öſterreichiſchen Generalleutnants zur Erde beſtattet.

Als der König die Trauerbotſchaft vom Tode ſeines ver= dienten Generals erhielt, rief er tieferſchüttert aus: „Mit ihm bricht mir eine treue, feſte Stütze, er wird mir unerſetz= lich ſein".

In der „Haude = Spenerſchen Zeitung" erſchien folgender Nachruf:

„Am 28. Juni ſtarb zu Prag an den Folgen ſeiner in der Schlacht bei Großgörſchen erhaltenen Wunde, der König= lich preußiſche Generalleutnant v. Scharnhorſt.

Er war einer der ausgezeichnetſten Männer unſrer Zeit.

Das raſtloſe, ſtetige, planvolle Wirken nach einem Ziel, die Klarheit und Feſtigkeit des Verſtandes, die umfaſſende Größe der Anſichten, die Freiheit von Vorurteilen des Her= kommens, die ſtolze Gleichgültigkeit gegen äußerliche Aus= zeichnungen, der Mut, in den unſcheinbarſten Verhältniſſen mit den ſchlichteſten Mitteln durch die bloße Stärke des Geiſtes, den größten Zwecken nachzuſtreben, jugendlicher Unter= nehmungsgeiſt, die höchſte Beſonnenheit, Mut und Aus= dauer in der Gefahr, endlich die umfaſſendſte Kenntnis des Kriegsweſens, machen ihn zu einem der merkwürdigſten Staatsmänner und Soldaten, auf welche Deutſchland je ſtolz ſein dürfte.

Billig und gerecht im Urteil, ſanft und ruhig in allen Verhältniſſen mit andern, freundlich, herzlich im ganzen Lebensumgange, zart und edel in der Empfindungsweiſe, war er einer der liebenswürdigſten Menſchen, die den Kreis des geſellſchaftlichen Lebens zieren.

Was er dem Staate geweſen iſt und dem Volke und der ganzen deutſchen Nation, mögen wenige oder viele erkennen, aber es wäre unwürdig, wenn einer davon gleichgültig bliebe bei dem traurigen Todesfall.

Es müßte keine Wahrheit und keine Tiefe mehr in der menſchlichen Natur ſein, wenn dieſer Mann je von denen vergeſſen werden könnte, die ihm nahe ſtanden, ihn verehrt und geliebt haben.“

Auf Wunſch der nächſten Verwandten des Verſtorbenen be= fahl der König, die irdiſchen Überreſte desſelben in das Vater= land überzuführen und auf dem Invalidenkirchhof zu Berlin zu beſtatten. Hier fand der unſterbliche Held ſeine Ruheſtätte, über welcher ſich das von Schinkels Meiſterhand und von Friedrich Tieck nach einem in der Eiſengießerei zu Berlin an= gefertigten Modelle Rauchs ausgeführte prachtvolle Marmor= denkmal mit einem ſchlafenden Löwen erhebt. — Daneben ruhen ſeine am 20. Februar 1827 heimgegangne Tochter Julie Gräfin zu Dohna, ſein Sohn Auguſt und ſein am 24. Fe=

bruar 1859 verstorbener Schwiegersohn, der Feldmarschall Graf Friedrich zu Dohna, unter Marmorsteinen mit einfacher Inschrift.

Scharnhorst steht in der Heeresgeschichte da als der Waffen=schmied Preußens, dessen schöpferische Gedanken noch heute die Grundzüge unsrer nun von ganz Europa nachgeahmten Wehr=verfassung bilden.

———

von Clausewitz.

Ich habe beschlossen, das Andenken an den Generalmajor v. Clausewitz und seine unsterblichen Verdienste um die Entwickelung der Kriegskunst dadurch zu ehren und für alle Zeiten lebendig zu erhalten, daß Ich einem Regiment Meiner Armee seinen Namen verleihe. Ich habe das Oberschlesische Feldartillerie-Regiment Nr. 21, welches in Zukunft den Namen Feldartillerie-Regiment v. Clausewitz (Oberschlesisches) Nr. 21 führen soll, für diese Auszeichnung gewählt, weil es aus einem der Truppenteile hervorgegangen ist, welche dem General zuletzt und bis zu seinem Ableben unterstellt gewesen sind. Ich bin sicher, daß das Regiment diesen Beweis Meines besonderen Vertrauens dadurch ehren wird, daß es die Kriegstugenden des Generals v. Clausewitz sich zum leuchtenden Vorbilde bei Erfüllung seiner Pflichten dienen lassen wird.

Berlin, den 27. Januar 1889.

gez. Wilhelm R.

Karl v. Clausewitz wurde am 1. Juni 1780 als vierter Sohn des Königlichen Acciseneinnehmers Friedrich Gabriel v. Clausewitz und dessen Ehefrau Friederike, gebornen Schmidt, in Burg geboren. Der Vater, dem sein Stiefvater, Major v. der Hundt, die Anerkennung des von den Vorfahren geführten Adels erwirkt zu haben scheint, machte als Offizier den Siebenjährigen Krieg mit, mußte aber, da er kurz vor Beendigung desselben, vor Kolberg, an der rechten Hand schwer verwundet worden war, den Militärdienst verlassen und erhielt in Burg die eben genannte Stelle mit einem Gehalt von nur 300 Thalern.

Der Verkehr der Familie mit ehemaligen Offizieren sowie die Erzählungen des Vaters aus seinem Kriegsleben erweckten in dem jungen Karl v. Clausewitz die Neigung zum Soldatenstand, mit der er den Wünschen des Vaters entgegenkam. — So trat er denn in dem jugendlichen Alter von 12 Jahren als „Junker" in das Infanterie-Regiment Prinz Ferdinand (Nr. 34), in dem bereits seit 1787 sein älterer Bruder Wilhelm diente. Schon im Jahre nach seinem Dienstantritt lernte er den Ernst des Krieges kennen, da sein Regiment beim Rheinfeldzug gegen Frankreich (1793 und 1794) verwendet wurde. Dasselbe nahm teil an der zehn Monate währenden Belagerung von Mainz. Zwei Tage vor der Übergabe dieser Festung, und zwar am 20. Juli 1793 erhielt Karl v. Clausewitz seine Ernennung zum Fähnrich, mit welcher er in den Offiziersstand eintrat. Im noch nicht vollendeten fünfzehnten Jahre, am 5. März 1795, wurde er zum Sekondeleutnant befördert; und kehrte nach Abschluß des Baseler Friedens mit seinem Regiment in dessen Garnison Neu-Ruppin zurück.

Das Garnisonleben mit den stets wiederkehrenden Beschäftigungen des praktischen Dienstes konnte den lebhaften Geist des jungen Clausewitz nicht befriedigen; so nutzte er mit dem größten Eifer die freie Zeit aus, um sich wissenschaftlich weiterzubilden, so daß es ihm gelang, die für die Aufnahme in die Allgemeine Kriegsschule in Berlin vorgeschriebene Prüfung zu bestehen. Im Herbst 1801 wurde er in diese Bildungsanstalt, an deren Spitze der geniale Scharnhorst stand, aufgenommen. Bald machte sich zur großen Betrübnis des jungen, strebsamen Offiziers der Mangel einer tüchtigen Schulbildung geltend; und schon trug er sich mit dem Gedanken, aus der Kriegsschule wieder auszuscheiden, als Scharnhorst auf ihn aufmerksam wurde, sich seiner fortan in der gütigsten Weise annahm und ihn geistig so zu fördern verstand, daß Clausewitz später den geliebten und verehrten Lehrer „den Vater seines Geistes" zu nennen pflegte.

Neben dem Unterricht in der Kriegsschule besuchte Clausewitz fleißig die philosophischen Vorträge, die vom Professor Kiesewetter in der Pépiniere gehalten wurden.

Nach Beendigung des Kursus an der Kriegsschule wurde er auf Scharnhorsts Empfehlung Adjutant des Prinzen August, der sich in der Folge als General-Inspecteur und Chef der Artillerie so große Verdienste um diese Waffe und um den Staat erworben hat. Diese Stellung führte den jungen Clausewitz in die Kreise des Hofes und verschaffte ihm auch Gelegenheit, in Verkehr mit einer Anzahl trefflicher und geistvoller Männer zu treten, die sich um den Prinzen scharten. Auch wurde er Mitglied der von Scharnhorst gestifteten „Militärischen Gesellschaft", in der er mit Männern wie v. Grolman, v. Reiche, v. Tiedemann u. a. in Berührung kam.

Clausewitz, der am 3. November 1805 zum Stabskapitän ernannt worden war, nahm, immer noch in seiner Stellung als Adjutant des Prinzen August, an dem unglücklichen Kriege von 1806 teil und geriet mit dem Prinzen bei dem ebenso glänzenden wie erfolglosen Gefecht bei Prenzlau in Gefangenschaft.

Anfangs erlaubte der Kaiser Napoleon dem Prinzen, bei

seinen Eltern in Berlin zu bleiben; aber schon im Dezember 1806 mußte er nach Nancy abreisen, das ihm vorläufig zum Aufenthalt angewiesen wurde. Clausewitz befand sich in seiner Begleitung. Ende Februar 1807 erhielt der Prinz den Befehl, Nancy wieder zu verlassen und eine von vier ihm anheim=gestellten Städten auszuwählen. Er entschied sich für Soissons. Auch dahin begleitete ihn sein Adjutant. Als nach dem Frieden von Tilsit dem Prinzen seine Freiheit zurückgegeben wurde, be=suchte er in Clausewitz' Gesellschaft erst noch die Schweiz. Für letzteren war der unfreiwillige Aufenthalt in Frankreich und die an denselben sich anschließenden Reisen von sehr vorteilhaftem Einfluß; er vermehrte durch die ihm eigentümliche scharfe Be=obachtung seine Welterfahrung und Menschenkenntnis und er=warb sich insbesondere auch eine große Fertigkeit im Gebrauch der französischen Sprache.

Von seiner wissenschaftlichen Thätigkeit legen einige Aufsätze, die damals aus seiner Feder hervorgingen, Zeugnis ab:

1) Skizze zu einem Operationsplan für Österreich, wenn es jetzt Teil an dem Kriege gegen Frankreich nehmen wollte. Im Frühjahr 1807 geschrieben.

2) Die Deutschen und die Franzosen.

3) Journal einer Reise von Soissons über Dijon nach Genf.

Bis zum Jahre 1809 blieb Clausewitz noch in seiner Adju=tantenstellung. Am 1. März dieses Jahres wurde er unter Beförderung zum Premierleutnant dem Generalstab zur Dienst=leistung zugewiesen, in welcher Stellung er zunächst den General v. Scharnhorst bei den diesem übertragenen Arbeiten als Bureau=chef zu unterstützen hatte.

Als im Frühjahr 1809 der Krieg Napoleons gegen Öster=reich ausbrach, war Clausewitz mit dem ganzen Kreise patrio=tischer Männer, welche damals in Königsberg versammelt waren, aufs entschiedenste für ein Bündnis Preußens mit Österreich, und mehrere derselben, zu welchen auch Clausewitz gehörte, trugen sich mit dem Gedanken, für den Fall, daß jenes Bündnis nicht zu stande kommen sollte, in österreichische Dienste zu treten. Durch den Wiener Frieden wurde Clausewitz vorläufig noch der preußischen Armee erhalten.

Am 25. Dezember 1809 kehrte der König nach dreijähriger Abwesenheit wieder nach Berlin zurück, mit ihm auch Scharnhorst und Clausewitz. Die erste Angelegenheit, welche hier Scharnhorst oblag, war die Neueinrichtung des Kriegsministeriums. Seine nächsten Mitarbeiter waren der Hauptmann im Generalstabe Graf v. Dohna, der die persönlichen, und Clausewitz, der die sachlichen Angelegenheiten unter Scharnhorsts Leitung zu bearbeiten hatte. Clausewitz war inzwischen zum Hauptmann befördert worden.

Nachdem im Juni 1810 Scharnhorst zum Chef des Generalstabes, sowie des Ingenieurcorps und des Militärbildungswesens, auch zum Inspecteur der Festungen ernannt worden war, blieb Clausewitz zunächst sein Bureauchef, wurde aber zugleich als Lehrer an der Allgemeinen Kriegsschule beschäftigt und erhielt überdies den Auftrag, dem fünfzehnjährigen Kronprinzen und dessen Vetter, dem Prinzen Friedrich der Niederlande den ersten militärischen Unterricht zu erteilen. Bald darauf erfolgte seine Versetzung in den Generalstab und seine Beförderung zum Major.

In allen diesen Dienstobliegenheiten leistete Clausewitz Hervorragendes. Bei seiner Lehrthätigkeit an der Kriegsschule kamen ihm ein umfassendes und gediegenes Wissen, eine große Schärfe der Auffassung und eine lichtvolle Klarheit des Ausdrucks zu statten.

Zu Ende des Jahres 1810 war es Clausewitz vergönnt, sich an der Seite einer Gattin eine schöne Häuslichkeit zu gründen. Am 17. Dezember vermählte er sich mit der Gräfin Marie von Brühl, mit der er bereits fünf Jahre verlobt gewesen war. Er befand sich nunmehr sowohl in seinen häuslichen wie amtlichen Verhältnissen in so glücklicher Lage, daß dieselbe kaum etwas zu wünschen übrig ließ; nur die traurige Lage des Vaterlandes fiel wie ein düsterer Schatten auf dieses Glück. Als der Abschluß des Bündnisses Preußens mit Frankreich erfolgt war, konnte es eine große Anzahl Offiziere nicht über sich gewinnen, für den verhaßten Unterdrücker ihres Vater- landes ins Feld zu ziehen; sie faßten daher, wenn auch mit schwerem Herzen, den Entschluß, einstweilen aus der Armee aus- zuscheiden. Zu ihnen gehörte auch Clausewitz. Er war es auch, der von seinen Gesinnungsgenossen, unter ihnen Gneisenau, Scharnhorst, Boyen, beauftragt wurde, ihre Handlungsweise und politische Überzeugung in einer ausführlichen Denkschrift zu rechtfertigen. Dieselbe wurde von ihm mit der ihm eignen Gründlichkeit und Schärfe abgefaßt. Die Schrift besteht aus drei Abschnitten, welche als „Bekenntnisse" bezeichnet werden.

Auf einer Besuchsreise, die Clausewitz nach Schlesien zu Scharnhorst machte, erhielt er von dem russischen Grafen Lieven die briefliche Zusicherung, daß er mit dem Range eines Oberst- leutnants und einem Gehalte von 1900 Thalern in den russischen Dienst werde übernommen werden. Fast gleichzeitig wurde ihm der am 23. April ausgefertigte, sehr kurz gefaßte Abschied zu- gestellt: „Auf Ihr Gesuch vom 12. d. M. erteile ich Ihnen hiermit den Abschied. Friedrich Wilhelm."

Clausewitz sollte anfangs bei der russisch-deutschen Legion eine Anstellung erhalten; da aber die Organisation dieser Truppe noch nicht über die ersten Anfänge hinausgekommen war, so wurde er einstweilen dem General v. Phull, der sich ohne eigentliche Kommandostellung im Kaiserlichen Hauptquartier be- fand, als Adjutant überwiesen.

Den Plan dieses Generals, durch ein verschanztes Lager bei Drissa an der Düna den Vormarsch Napoleons aufzuhalten, erkannte Clausewitz sofort als unausführbar und verhehlte dies auch dem Kaiser nicht, als dieser ihn um seine Meinung be- fragte. Phull, seine Unfähigkeit wohl selbst erkennend, bat den Kaiser, ihn von seinem Posten zu entheben, was auch bereit- willigst geschah. Clausewitz wurde nun seinem Wunsche gemäß, bei dem eintretenden Rückzug der Arrièregarde zugeteilt zu werden, dem Grafen Pahlen, einem ausgezeichneten Kavallerie- General, als Quartiermeister beigegeben. In dieser Stellung

nahm er an den dreitägigen, sehr blutigen Gefechten von Wi=
tebsk (auch bei Ostrowno genannt) vom 25. bis 27. Juli teil.
Clausewitz blieb nur drei Wochen bei dem General Pahlen, da
derselbe erkrankte und das ihm untergebene Corps aufgelöst
wurde, worauf er in gleicher Stellung zu dem ein Reitercorps
befehligenden General Uwarof kam. Im Gefolge desselben be=
fand sich Clausewitz bei Borodino, nahm auch auf dem Marsche
nach Moskau am 10. September an einem heftigen Arrière=
garden=Gefecht teil, bei welchem ihm ein Pferd verwundet wurde.
Nach der Katastrophe von Moskau wurde Clausewitz einstweilen
dem Hauptquartier zugewiesen; als er sich aber hier bei dem
General Bennigsen meldete, erfuhr er, daß er bereits vom Kaiser
zum Chef des Generalstabes für die Besatzung von Riga ernannt
worden sei. Auch diese Stellung sollte er nicht antreten, da in=
zwischen das Gouvernement in Riga an eine Persönlichkeit über=
gegangen war, die Clausewitz im höchsten Grade unsympathisch
war. Auf seine Bitte wurde er vom Kaiser dem Hauptquartier
Wittgensteins beigegeben. Dieser Heerführer schenkte Clausewitz
sein volles Vertrauen und trat zu ihm in das freundlichste Ver=
hältnis.

Nach den Ereignissen an der Beresina hatte General Wittgen=
stein die Bestimmung erhalten, den Marschall Macdonald ab=
zuschneiden, der aus Kurland noch nicht zurückgegangen war.
Wittgenstein schob zu diesem Zwecke zwei Corps vor, von denen
das eine v. Kutusow, das andre v. Diebitsch geführt wurde.
Bei letzterem befand sich Clausewitz. Als General York, der
unter Macdonald das preußische Corps kommandierte, durch
russische Kavallerie abgeschnitten war, benutzte Diebitsch diesen
Umstand, den General York zur Lossagung von der Verbindung
mit den Franzosen zu überreden. Bei diesen Verhandlungen,
die zu der Konvention zu Tauroggen führten, war Clausewitz
in hervorragender Weise beteiligt; er hat das Verdienst, die
letzten Bedenken, die in Yorks Seele aufstiegen, beseitigt zu
haben. York reichte ihm schließlich die Hand und sagte: „Ihr
habt mich! Sagt dem General Diebitsch, daß wir uns morgen

früh auf der Mühle von Poscherun sprechen wollen und daß ich jetzt fest entschlossen bin, mich von den Franzosen zu trennen." Bei der nun folgenden historischen Zusammenkunft begleiteten den General v. Diebitsch nur der Oberstleutnant Graf Dohna und Clausewitz; es waren daher nur geborne Preußen bei diesen Verhandlungen zugegen.

Nach dem Einmarsch der russischen Truppen in Ostpreußen zu Beginn des Jahres 1813 war Clausewitz im Sinne Scharnhorsts bei Errichtung der Landwehr in dieser Provinz thätig.

Im März rückte die Wittgensteinsche Armee in Berlin ein, wodurch Clausewitz das Glück zu teil wurde, seine Gattin, von welcher er fast ein volles Jahr getrennt gewesen war, wiederzusehen.

Bald nach dem Ausmarsch der Blücherschen Armee wurde Clausewitz von russischer Seite dem Hauptquartier derselben als Generalstabsoffizier beigegeben, eine Stellung, welche er schon darum mit Freuden übernahm, weil sie ihn mit seinen Freunden Scharnhorst und Gneisenau wieder in Verbindung brachte.

Bei Großgörschen war Clausewitz im heißesten Kampfe und focht mitten in einem feindlichen Bataillon; er blieb unversehrt, obgleich ihm „ein kleiner Franzose mit dem Bajonett hinter dem rechten Ohre gesessen hatte". Eine so unmittelbare Teilnahme am Kampfe, schrieb er, sei in andern Fällen für einen Generalstabsoffizier eine Auszeichnung gewesen; bei Großgörschen aber hätten alle dies oder etwas Ähnliches gethan, und man könne durchaus nicht sagen, daß sich einer vor dem andern hervorgethan habe. Auch an der Schlacht bei Bautzen nahm Clausewitz teil, bemerkt jedoch, daß niemand in ihr Gelegenheit gefunden habe, sich auszuzeichnen, da sie nicht ganz zum Ausbruch gekommen sei.

Nach Abschluß des Waffenstillstandes verfaßte er auf Gneisenaus Wunsch eine kleine Schrift: „Der Feldzug von 1813 bis zum Waffenstillstande", in der er auf die Vorteile hinwies, welche diese Unterbrechung des Krieges den Verbündeten

schon darum bringen müßte, weil ihre Streitkräfte sich ansehn-
lich vermehren würden, was bei Napoleon durchaus nicht in
gleichem Grade der Fall sein könne.

Bei der Nachricht vom Tode Scharnhorsts, „des teuersten
Freundes seines Lebens, den ihm niemand ersetzen konnte",
wurde Clausewitz von unbeschreiblicher Trauer und Wehmut er-
griffen; er selbst in Gemeinschaft mit Gneisenau verfaßte dem
Helden einen Nachruf; auch schrieb er später eine meisterhafte
Biographie des gefallenen hochverdienten Generals.

Inzwischen war die Formation der russisch-deutschen Legion
zum Abschluß gekommen, bei der Clausewitz als erster Generalstabsoffizier angestellt werden sollte. Diese Legion wurde ein
Bestandteil der Armee, die sich aus den unter Dörnberg, Tscher-
nitschef und Tettenborn stehenden leichten Truppen, sowie dem
Lützowschen Freicorps zusammensetzte und unter Befehl des
Reichsgrafen v. Wallmoden stand. Sie zählte etwa 28 000 Mann
und 60 Geschütze und bildete wiederum ein Glied der unter
dem Kronprinzen von Schweden stehenden Nordarmee, hatte
aber die besondere Aufgabe, das bei Hamburg stehende Corps
des Marschalls Davoust in Schach zu halten und die Nieder-
elbe zu decken. Wallmoden ernannte Clausewitz zum Generalquartiermeister der von ihm befehligten Armee, und dieser sah
sich nun mit der wichtigsten Bestimmung betraut, welche ihm
je in seinem Leben zu teil geworden war. Das bedeutendste
Ereignis auf diesem Kriegsschauplatz war das Treffen an der
Göhrde, in welchem Wallmoden über einen Teil des Davoust-
schen Corps einen glänzenden Erfolg errang, welchen er, wie er
selbst anerkannte, neben der Tapferkeit seiner Truppen auch den
trefflichen Anordnungen seines Generalstabschefs Clausewitz verdankte. Am 22. September 1813 wurde Clausewitz in Anerkennung seiner Verdienste zum Obersten der russisch-deutschen
Legion ernannt.

Mitte Februar 1814 wurde Wallmoden aus Holstein ab-
berufen, um in den Niederlanden gegen den Marschall Maison
verwendet zu werden; doch kam es hier nicht mehr zu bedeuten-

den Kriegsereignissen. Clausewitz benutzte seinen Aufenthalt in
Belgien mit der ihm eignen scharfen Beobachtungsgabe, um
Land und Leute kennen zu lernen.

Nach dem Frieden wurde die russisch = deutsche Legion im
Juli 1814 dem dritten deutschen Armeecorps, welches unter
dem Oberbefehl des Generals v. Kleist stand, zugewiesen; sie
führte seitdem den Namen „deutsche Legion".

Clausewitz wurde als preußischer Oberst übernommen und
konnte nunmehr seine Kraft und seine Tüchtigkeit wieder im
Dienste seines eigentlichen Vaterlandes verwerten. Der Kaiser
von Rußland belohnte später seine Dienste dadurch, daß er ihm
den Wladimirorden und den St. Annenorden, sowie einen goldnen
Ehrensäbel mit der Inschrift „Für Tapferkeit" verlieh.

Am 30. März 1815 wurde Clausewitz dem Generalstab zu=
gewiesen und am 22. April zum Generalstabschef des von dem
Generalleutnant v. Thielmann befehligten dritten Corps der Armee
ernannt, welche im Frühjahr 1815 unter Blüchers Oberbefehl
zum Krieg gegen Napoleon zusammengezogen wurde. Der neue
Wirkungskreis entsprach in jeder Beziehung seinen Wünschen;
er fühlte sich glücklich, wieder mit Blücher, Gneisenau, Grol=
man, Stülpnagel und andern von ihm hochverehrten Männern
verbunden zu sein. An General v. Thielmann hatte er einen
hochbegabten und äußerst wohlwollenden Vorgesetzten.

In der Schlacht bei Ligny hatte das 3. Armeecorps am
Kampfe nur unbedeutenden Anteil. Am Abend jedoch hatte es
noch ein glückliches Kavalleriegefecht zu bestehen, bei welchem
Clausewitz nur mit Mühe den französischen Kürassieren entkam.

An demselben Tage, an welchem Blücher mit drei Armee=
corps den Sieg bei Belle = Alliance entschied, hatte das Armee=
corps Thielmanns bei Wavre einen hartnäckigen Kampf gegen
die weit überlegenen Streitkräfte des Marschalls Grouchy und
deckte dadurch dem preußischen Hauptheere auf seinem Marsch
in Napoleons rechte Flanke den Rücken. Der Vorwurf, der
von einigen Seiten Thielmann sowie seinem Generalstabschef
Clausewitz gemacht wird, daß sie Grouchy haben entkommen

laffen, erscheint als ungerechtfertigt. Beide Männer waren be=
sonnen genug, den ihnen anvertrauten Heeresteil nicht der Ge=
fahr der Vernichtung durch einen so überlegenen Feind aus=
zusetzen.

Nach der Kapitulation von Paris befand sich Clausewitz eine
Zeit lang mit dem Hauptquartier in dem prachtvollen kaiser=
lichen Luftschloß zu Fontainebleau. Am 21. Juli aber verließ
das 3. Armeecorps diese Stellung, um den Österreichern Platz
zu machen, und nahm le Mans zu seinem Hauptquartier.

Mit dem zweiten Pariser Frieden wurde Clausewitz' sehn=
licher Wunsch, nach Deutschland zurückkehren zu können, erfüllt;
schon am 3. Oktober 1815 war er bei dem Generalkommando
am Rhein zum ersten Generalstabsoffizier ernannt worden, wo=
durch er Coblenz zu seinem künftigen Wohnort erhielt.

Die drei Jahre, welche er mit seiner Gattin in dieser dem
deutschen Vaterland wiedergewonnenen schönen Stadt verlebte,
waren für beide die glücklichste und genußreichste Periode ihres
Lebens. Seine neue Stellung als Chef des Generalstabs unter
Gneisenau, der ihm stets die höchste Achtung und innigste Zu=
neigung bewiesen hatte, gestaltete sich schon um dieses persönlichen
Verhältnisses willen höchst angenehm. Dazu kam das Zusammen=
leben mit andern hervorragenden und geistvollen Männern, die
in der Zivil= und Militärverwaltung thätig waren und unter=
einander den herzlichsten Verkehr pflegten.

Durch Kabinettsordre vom 9. Mai 1818 war Clausewitz
zum Direktor der Allgemeinen Kriegsschule ernannt worden,
blieb aber noch den Sommer hindurch in Coblenz und begab
sich im September zunächst nach Aachen, um hier die ihm für die
Dauer des Kongresses übertragene Stelle eines Kommandanten
zu versehen. Durch Kabinettsordre vom 19. September 1818
wurde er zum Generalmajor befördert.

Der zwölfjährige Zeitraum, in dem Clausewitz die Direktion
der Allgemeinen Kriegsschule führte, war nicht reich an äußeren
Lebensereignissen, aber von um so größerer Bedeutung für sein
großartiges litterarisches Wirken, da die ausgezeichneten Werke,

auf welchen sein Ruhm als Militär = Schriftsteller beruht, ohne Ausnahme dieser Lebensperiode ihre Entstehung verdanken.

Auf den Vorschlag des Prinzen August von Preußen wurde Clausewitz durch Kabinettsordre vom 19. August 1830 zum Inspecteur der 2. Artillerie = Inspektion in Breslau ernannt. Da er voraussah, daß durch diese Anstellung bei einer neuen Waffe seine ganze Thätigkeit auf lange Zeit werde in Anspruch genommen werden, so trennte er sich, wenn auch ungern, von den ihm so teuer gewordenen litterarischen Arbeiten und versiegelte vor seiner Abreise alle seine Manuskripte.

Mitte September traf er in Breslau ein, trat zu Ende dieses Monats seine Inspektionsreise nach Preußen und Posen an und kehrte Ende Oktober nach Breslau zurück, wo er sich nun häuslich niederließ. Allein diese Ruhe sollte nur kurze Zeit dauern. Am 5. Dezember traf die Nachricht von dem in Warschau ausgebrochenen Aufstande in Breslau ein, und bald nachher erhielt Clausewitz von Gneisenau, der sich inzwischen nach Berlin begeben hatte, von hier aus die Mitteilung, daß ihn der König bestimmt habe, das Kommando im Osten über das 1., 2., 5. und 6. Armeecorps zu übernehmen, und Clausewitz zum Chef seines Generalstabes ausersehen sei.

Die Abreise verzögerte sich durch Vorberatungen, die in Berlin stattfanden, und erst am 5. März traf Gneisenau mit Clausewitz in Posen ein. Da jedoch die preußischen Truppen zu keiner kriegerischen Verwendung kamen, so konnte die Thätigkeit Clausewitz' nur eine administrative sein. Dabei folgte er dem Gang des russisch=polnischen Krieges mit der größten Aufmerksamkeit und hielt über alles dem Feldmarschall eingehende Vorträge. Am 23. August wurde letzterer von der Cholera befallen, der er schon am folgenden Tage erlag. An Stelle v. Gneisenaus im Oberkommando der Observationsarmee trat der General der Infanterie v. d. Knesebeck. Auch zu ihm gestalteten sich Clausewitz' Beziehungen herzlich und freundlich. Nach Beendigung des russisch=polnischen Krieges konnte letzterer wieder nach Breslau zurückkehren.

Wohl mochte er hoffen, im freudigen, unverdrossenen Wirken für Beruf und Wissenschaft noch eine Reihe glücklicher Tage zu sehen; aber in Gottes Rat war es anders beschlossen. Am 16. November 1831 hatte er bis zur Mittagsstunde mit gewohntem Eifer seinen Berufsgeschäften obgelegen, als ihn dieselbe Krankheit ergriff, deren Opfer Gneisenau geworden war; schon nach neun Stunden raffte sie ihn aus diesem Leben dahin. Die Bestattung erfolgte auf dem Militärkirchhofe, und zwar, da die Cholera die Veranlassung zum Tode gewesen war, in der Stille.

Clausewitz hat seine Berühmtheit in erster Linie seiner litterarischen Thätigkeit zu verdanken. Er war ein Militärschriftsteller par excellence.

Seine gesammelten Werke sind in folgenden drei Gruppen herausgegeben worden:

Erste Gruppe, Band I—III: Vom Kriege.

Zweite Gruppe, Band IV—VI: Der Feldzug von 1796 in Italien. — Die Feldzüge von 1799 in Italien und der Schweiz.

Dritte Gruppe, Band VII—X: Der Feldzug von 1812 in Rußland. — Der Feldzug von 1813 bis zum Waffenstillstand und der Feldzug von 1814 in Frankreich (VII). — Der Feldzug von 1815 in Frankreich (VIII). — Historische Materialien zur Strategie (IX u. X). Den Inhalt dieser beiden Bände bilden: Strategische Beleuchtung mehrerer Feldzüge von Gustav Adolf, Turenne und Luxemburg. Bemerkungen zum spanischen Erbfolgekriege (IX). Strategische Beleuchtung mehrerer Feldzüge von Sobiesky, Münich, Friedrich dem Großen und dem Herzog Karl Wilhelm Ferdinand von Braunschweig. Der Krieg in der Vendée 1793 (X).

Von ganz hervorragender Bedeutung ist das Werk „Vom Kriege". Lichtvolle Klarheit, Tiefe der Gedanken, logische Schärfe in der Entwickelung zeichnen es aus. Bei Beantwortung der Frage: „Was ist der Krieg?" gelangt Clausewitz zu dem Satze: „Der Krieg ist eine bloße Fortsetzung der Politik mit andern Mitteln".

Ein andrer hervorragender Gesichtspunkt, der sich durch das ganze Werk hindurchzieht, ist in dem Satze ausgesprochen: „Die Verteidigung ist stärker als der Angriff, da sie die Vorteile der Auswahl des Terrains, der Überraschung, des plötzlichen An= griffs von mehreren Seiten, des eingerichteten Kriegstheaters, des Beistandes der Bevölkerung und der Benutzung der großen moralischen Kräfte für sich hat". Hieraus ergiebt sich, daß Clausewitz unter Verteidigung nicht ein passives Abwarten, welches das Gesetz vom Gegner empfängt, sondern ein aktives Handeln versteht, welches ihm dasselbe erteilt.

Er zeigt ferner, von welcher hervorragenden Wichtigkeit für den Krieg der hingebende Wille des Einzelnen ist, welche große Bedeutung die sittlichen Bedingungen, Mut, Mannszucht, Vater= landsliebe, die Fähigkeit, zu entbehren, für den Wert eines Heeres besitzen, welchen Einfluß die Persönlichkeit des Feldherrn, der Geist des Volkes, die politischen Verhältnisse auf den Gang des Krieges ausüben. Sein Muster war im allgemeinen die= jenige Kriegsführung, welche von 1813—1815 die gegen Frank= reich verbündeten Mächte zum Siege führte, dieselbe, welche Napoleon durch seine Thaten begründet und gelehrt hatte und die während der Befreiungskriege ihre glänzendsten Vertreter im Blücherschen Hauptquartier fand. So ist Clausewitz der Lehrmeister geworden, von dem die großen Feldherren der Gegen= wart ihr Bestes empfangen haben, und auch in Zukunft werden seine Schriften eine reiche Quelle für eine gesunde Entwickelung der Kriegswissenschaft bleiben.

Was er als Heerführer geleistet haben würde, darüber läßt sich kein Urteil fällen, da er immer nur als Generalstabs= offizier verwendet worden ist, niemals aber ein Kommando ge= führt hat.

Clausewitz ist jedenfalls nach seinem vollen Werte und seiner ganzen Bedeutung nur von wenigen seiner Zeitgenossen erkannt worden, am vollständigsten von Scharnhorst, Gneisenau, Stein, Boyen, Grolman und den andern ausgezeichneten Männern, die gemeinsam mit ihm an der Befreiung und Wiedererhebung des Vaterlandes arbeiteten. Ein berühmter Mann wurde er erst, als nach seinem Tode seine Werke, die unsterblichen Denk- mäler seines reichen Geistes, ans Licht traten und nach und nach zu allgemeiner Anerkennung gelangten. Sein Charakter war einer der edelsten; nichts haßte er mehr als eitlen Schein und Unwahrheit, er war rein und lauter in all seinem Denken, Wollen und Handeln. — Zu seiner Charakterisierung stehe am Schluß eins der vier vom Minister Grafen Bernstorff bei seinem Tode verfaßten Epitaphien:

Gebrochen ist des Mannes Hülle,
Der mit des klarsten Geistes Hoheit
Verband des reichsten Herzens Fülle.
Zu klein, zu eng war ihm die Zeit;
Was glühend ihm den Sinn erregte,
Nur gleiche Seelen mitbewegte!

von Linger.

Ich will das Andenken des Generals der Artillerie v. Linger dadurch ehren und in Meiner Armee lebendig erhalten, daß ich dem Ostpreußischen Fußartillerie-Regiment Nr. 1 den Namen Fußartillerie-Regiment v. Linger (Ostpreußisches) Nr. 1 verleihe. Ich vertraue zu dem Regiment, welches sich bei allen Gelegenheiten besonders ausgezeichnet hat, daß es den Namen dieses um die Artillerie Meiner in Gott ruhenden Vorfahren, des Königs Friedrich Wilhelm I. und des Königs Friedrich II. Majestäten, hochverdienten Generals stets in Ehren halten und fortfahren wird, durch treue Pflichterfüllung sich Meine Gnade und Mein Wohlwollen zu erhalten.

Berlin, den 27. Januar 1889.

gez. Wilhelm R.

Christian Linger, geboren 1669 zu Berlin, entstammte einer Familie, deren Mitglieder schon seit langen Zeiten bedeutende Stellungen in der Artillerie bekleidet hatten. Sein Urgroßvater, Wilhelm Heinrich Linger, war Oberstleutnant im Dienste Kaiser Ferdinand III. Sein Großvater, Martin Ferdinand, diente als Kapitän und Zeugmeister in der Armee des Großen Kurfürsten Friedrich Wilhelm, und sein Vater Salomon Linger war unter demselben Herrscher 36 Jahre lang Zeugmeister; er wohnte allen Feldzügen und Belagerungen damaliger Zeit bei. Sein Sohn Christian trat 1692 ebenfalls bei der Waffe ein, der seine Vorfahren angehört hatten. Dies geschah zu der Zeit, da zunächst Alexander v. Spaen und von 1693 ab Markgraf Philipp Wilhelm, ein Sohn aus zweiter Ehe des Großen Kurfürsten, als Feldzeugmeister an der Spitze des brandenburgischen Artilleriecorps standen. Wir finden darin einen Beweis von dem hohen Ansehen, in dem bereits damals diese Waffe stand, denn Spaen war der älteste General der Armee und der Markgraf ein Prinz des Kurhauses.

In einer „Spezifikation", welche der Markgraf im Jahre 1698 dem Kurfürsten Friedrich III. vorlegte, und die von letzterem bestätigt wurde, finden wir Linger als Stückjunker verzeichnet und als seine Garnison Küstrin angegeben. In einer „Spezifikation" oder „Rangierten Liste" der Offiziere der Artillerie vom Jahre 1700 findet sich Christian Linger bereits als Premierleutnant. 1701 am 19. Oktober wurde er zum Stabs- und noch in demselben Jahre zum wirklichen Hauptmann befördert. In dieser Stellung, und von 1705 ab als Major machte er mehrere Feldzüge des spanischen Erbfolgekrieges mit.

Während dieser kriegerischen Periode von 1701 bis 1713 gingen großartige Veränderungen mit dem nunmehr Königlich preußischen Heere vor, die sich aus dem Umstand erklären, daß die preußischen Truppen aus dem Kriegstrubel nicht herauskamen und mit vieler Herren Länder verbündet waren, mit Engländern, Holländern, den Kaiserlichen und den Italienern. So konnte man praktisch die Einrichtungen fremder Heere studieren und sich das Bessere aneignen. Auch an die Artillerie wurden während dieses elfjährigen Krieges bedeutende Ansprüche gemacht, da der König gleichzeitig ein Armeecorps von 5000 Mann in Holland, 8000 Mann am Rhein, ein Corps an der Donau, eins in Italien und ein fünftes in den ersten Jahren des nordischen Krieges in Preußen unterhielt, überall mit einer entsprechenden Feldartillerie, in Holland und am Rhein aber auch häufig mit Belagerungsgeschütz. Der Generalfeldzeugmeister nahm an allen diesen die Artillerie betreffenden Gegenständen den lebhaftesten Anteil, unter ihm bis zum Jahre 1707 der Oberst Schlundt; und wiederum unter diesem werden als besonders hervorragende, zu wichtigen Sendungen zu gebrauchende Offiziere Kühle, Kahlau, Bredow, Merkatz, Holtzmann und Linger genannt.

Nach dem Tode des Markgrafen, 1712, wurde Schlundt Chef der gesamten Artillerie, auch die vakant gewordene Bombardier=compagnie des Prinzen wurde ihm verliehen. Als Commandeur der letzteren wird Christian v. Linger genannt, der im Jahre 1705 in den Adelstand erhoben worden war. In der Rang=liste von 1712 wird Linger neben Kahlau und Bredow als Oberstleutnant aufgeführt und als Jahr, in dem diese Beförde=rung stattfand, 1709 angegeben. Nach Schlundts Abgang über=nahm Gabriel Kühne das Kommando der Artillerie; und im Dezember 1813 ernannte ihn König Friedrich Wilhelm I. bald nach seiner Thronbesteigung zum Generalmajor. Es war dies der erste Fall, daß aus dem Corps der Artillerie ein Offizier bis zum General avancierte. Linger verließ bald nach dem Regierungsantritt Friedrich Wilhelms I. den Dienst, wie es scheint, nicht ohne besondere Veranlassung, wurde aber schon 1714

wieder zurückberufen. Von da ab schien der König ihm beson=
ders gewogen, indem er noch bei Lebzeiten des Generals Kühle
bei wichtigen Angelegenheiten Linger besonders heranzog.

Im nordischen Kriege, der immer noch tobte, hätte sich König
Friedrich Wilhelm I. ebenso wie sein Vorgänger gern von jeder
Beteiligung ferngehalten, wurde aber durch die Macht der Ver=
hältnisse doch in den Kampf hineingezogen, weil die deutschen
Provinzen Schwedens davon mit ergriffen und die brandenburg=
pommerschen Grenzen bedroht waren. Der eigentliche Brenn=
punkt dieses Krieges war die Belagerung von Stralsund 1715.
Der König hatte auf dem Kriegsschauplatz den General Kühle
in seinem Gefolge, und den Oberstleutnant v. Linger in Berlin
zurückgelassen, damit derselbe von der Zentralstelle aus alles
weiter Erforderliche zu dem Unternehmen gegen Stralsund in
Bewegung setze. Bei dem Transport der Geschütze, der Muni=
tion und des gesamten zur Belagerung nötigen Apparats ent=
faltete Linger eine umfassende Thätigkeit und eine erstaunliche
Umsicht.

Die Belagerung von Stralsund war mit vielen Schwierig=
keiten verbunden und kostete große Opfer. Am 9. Dezember
fiel auch General v. Kühle. Ein zurückfliegendes Stück eines
durch eine Kanonenkugel zerschmetterten Steines verwundete ihn
töblich am Kopfe.

An seine Stelle wurde nun Linger berufen, und in der
„Stabs = Rolle und Rangliste des Königlichen Feldbataillons
Artillerie" von 1718 finden wir ihn als Oberst und zwar seit
dem Jahre 1716.

In den nächsten Jahren war Linger in hervorragender Weise
am Ausbau und der Ausrüstung des Zeughauses beteiligt. Der
Grundstein zu demselben war bereits am 28. Mai 1695 gelegt,
aber fertiggestellt wurde es erst unter der Regierung Friedrich
Wilhelms I., im Jahre 1728.

Mit der Leitung des Baues beauftragt, kam er häufig in
eine schwierige Lage der Sparsamkeit des Königs gegenüber.
Als er 1718 zur Anlegung zweier Treppen und zum Ausbau

der obern Etage 4000 Thaler forderte, dekretierte der König
eigenhändig: „Dieses Jahr habe nit so viel Geld. F. W." In
demselben Jahre wurde das Ministerium vorstellig, der König
möchte einen aus dem Jahre 1717 vom Obersten Linger als
richtig attestierten Rückstand von 754 Thlrn. bewilligen; der
Bescheid aber lautete: „Sollen 150 Thlr. ein vor Alle haben,
wollen sie damit nit zufrieden sein, sollen nichts haben. F. W."
Im Jahre 1728 erbat sich Linger unter Einreichung eines An-
schlages über 4805 Thlr. die Bewilligung, den Fußboden auf
dem Königlichen Zeughause in dem Flügel, welcher gegen das
Gießhaus geht, fertigzustellen, worauf der König dekretierte:
„Gut, sollen in Gottes Namen anfangen zu 4000 Thlr., daß
es gegen Winter fertig werde."

Im Jahre 1728 wurde Linger zum Generalmajor befördert.
Aus den Jahren 1702, 1712, 1721, 1722 haben sich ausführ-
liche Rapporte über jede Art von Artillerie-Beständen erhalten:
Pulver, Flinten, Musketen, Lunten, Blei, Handgranaten, Flinten-
steine, metallene Kanonen, eiserne Kanonen, metallene Mörser,
eiserne Mörser, metallene Haubitzen, eiserne Haubitzen; auch
aus diesen aufeinanderfolgenden Rapporten läßt sich auf das
Anschaulichste die heranwachsende Macht des preußischen Staates
erkennen. Wie gewissenhaft General v. Linger bei Anfertigung
dieser Rapporte zu Werke ging, geht daraus hervor, daß er sich
nicht begnügte, sie mit seiner Namensunterschrift zu vollziehen, sondern auch jährlich noch besonders feierliche Anwünschungen hinzu-
fügte; so im Jahre 1721: „Gott segne den König hier zeitlich,
dort ewiglich, Amen." — General v. Linger stand beim König
in hoher Gunst. Am 10. Januar 1731 speiste der König sogar
bei ihm zu Mittag und schenkte bei dieser Gelegenheit dem Artilleriecorps vier Schalmeien und vier Bockpfeifen.

Unter der Regierung dieses Soldatenkönigs ist auch sehr viel
zur Förderung der Artillerie geschehen. Auf die durchgreifenden
Veränderungen in dieser Waffe, auf das Proportionieren und
Umgießen der Geschütze, auf Neuanfertigung von Mörsern, auf
Vereinfachung der Kaliber, auf Einführung des feststehenden

Visiers und des Vergleichkorns, war General v. Linger von
entscheidendem Einfluß.

In Betreff der Eximierung vom Soldatenstand erfolgten
speziell an Linger folgende Königliche Ordres:

1) Mein lieber Generalmajor von Linger! Ich habe resolvirt, daß in Meinen Landen alle Priestersöhne von der
Enrollirung frei sein sollen. Ihr sollet also bei Eurem Feldartillerie-Bataillon befehlen, daß denselben die etwa habenden
Pässe unentgeltlich abgenommen und ihnen ins künftige weiter
keine gegeben werden sollen. Ich bin 2c. Wusterhausen, den
21. Oktober 1737.

2) Ich befehle hierdurch, daß in Meinen Landen auch diejenigen, so Theologie studieren und welche nicht 5 Fuß 9 Zoll
messen, wenn sie schon keine Predigersöhne sind, von aller
Werbung und Enrollirung befreit seien, wann sie aber 5 Fuß
9 Zoll messen, können sie von der Werbung nicht frei sein.
Wusterhausen, den 21. Oktober 1737.

Bald nach dem Regierungsantritt Friedrichs II. wurde Linger
im Jahre 1740 mit einem in das Jahr 1739 zurückdatierten
Patent zum Generalleutnant befördert. Auch ist es wohl als
eine Gunstbezeigung des Königs anzusehen, daß gleichzeitig
Lingers Sohn, bisher Premierleutnant, zum Stabskapitän beim
Feldartillerie-Bataillon ernannt wurde.

Bei Beginn des ersten Schlesischen Krieges befand sich Linger
noch nicht bei der Feldarmee, wurde aber vom König sehr bald
nachbefohlen. Bei der Belagerung von Brieg 1741 kommandierte er die Artillerie mit großem Geschick und günstigem Erfolg. Am 4. Mai kapitulierte Brieg; der Kommandant erhielt
mit 1006 Mann freien Abzug unter der Bedingung, zwei
Jahre nicht mehr gegen Preußen zu dienen. 61 metallene Kanonen, 8 Mörser und ein bedeutender Vorrat an Munition
fielen in die Hände der Sieger. Trotzdem äußerte sich der
König über die Artillerie nicht ganz befriedigt; er schrieb:

„Von meiner Artillerie bin Ich bei der vorgewesenen Belagerung nicht allerdings zufrieden, da einestheils dieselbe mit

Verfertigung von Batterien zu langsam und nicht so, wie es sich gebühret, zu Werke gegangen, anderntheils aber solche anfänglich zu hoch geschossen hat, inzwischen nachhero doch die feindlichen Kanonen demontirt, auch an einigen Orten den Wall etwas demolirt und einige Pallisaden entzweigeschossen worden sind; zur wirklichen Bresche aber ist es nicht gekommen."

Am 16. Mai 1743 wurde Linger General der Artillerie. Diese Charge hat vor ihm und nach ihm bis zum 27. Januar 1889 kein General bekleidet; erst an dem genannten Tage wurde der General-Inspecteur der Feldartillerie, General der Infanterie v. Voigts-Rhetz zum General der Artillerie ernannt.

Im Februar 1744 erhielt Linger den Schwarzen Adlerorden.

Diese Auszeichnungen sind ihm wohl hauptsächlich wegen der Verdienste zu teil geworden, die er sich um die Neuorganisation der Feldartillerie erwarb. Die Stärke derselben war in zwei Jahren von 600 auf 1570 Mann gestiegen.

Als im Jahre 1744 der zweite Schlesische Krieg ausbrach, marschierte Linger im August mit dem Feldartillerie-Regiment gegen den Feind. Bei der Belagerung von Prag befehligte er die Artillerie, und seinen vortrefflichen Maßregeln gelang es, die Übergabe bereits nach sechstägiger Einschließung herbeizuführen. Die Freude über diesen Erfolg wurde leider getrübt durch die Verluste an Material beim Verlassen der Festung. Unter Gefechten mit den vor den Thoren erschienenen feindlichen Truppen bewerkstelligte zwar die preußische Besatzung ihren Abzug, jedoch mit Zurücklassung von 131 metallenen Kanonen, worunter sich 55 preußische befanden, dazu 9000 Zentner Pulver und andre Effekten.

Infolge dieses Verlustes richtete Linger aus Breslau folgendes Schreiben an den König:

„Ich bin endlich, und da ich alle meine meiste Bagage verloren, vorgestern hierher gekommen und habe sogleich alle Veranstaltung gemacht, sowohl von allerlei Kaliber, Kartuschen,

Kartätschen, Flinten- und Karabinerpatronen hier und in Brieg, Neiße und Glatz anfertigen zu lassen, als auch alles übrige Nötige zu besorgen."

In diesem Schreiben erbittet sich Linger auch zu dem Allernotwendigsten einen Vorschuß von 3000 Thalern; er schildert die Notwendigkeit, die Beschaffung von Salpeter und Schwefel zu decken, wovon kaum ein Bestand bis zum Juli 1745 vorhanden sei, ferner, daß er in Breslau 25 Stück Pontons in schlechtem Zustand gefunden habe, an deren Ausbesserung er arbeiten lasse. Die Resolution des Königs ist von Interesse:

„Mein lieber General der Artillerie v. Linger!

Ich habe Euer Schreiben vom 27. dieses erhalten und gebe Euch darauf Antwort, daß Ihr nun wieder herkommen könnet. Ich lasse Euch selbst urteilen, wie nahe es Mir gehen muß, daß man mit Meiner zu Prag befindlich gewesenen Artillerie bei dem dortigen Ausmarsch so leichtsinnig und garstig gehandelt, und ob es nicht vor Einem und dem Andern schlecht ausfallen würde, wenn Ich nach der Rigueur verfahren, und dasjenige, so damals geschehen, durch ein Kriegsrecht untersuchen lassen wollte.

Ich bin Euer wohlaffektionirter König

Friedrich.

Berlin, den 31. Dezember 1744."

Die geforderten 3000 Thaler wurden gezahlt. Unterm 2. Februar 1745 kam Linger wiederholt auf einen erforderlichen Einkauf von wenigstens 2000 Zentner Salpeter und 1000 Zentner Schwefel durch die Häuser Splitgerber und Daum in Holland oder England zurück, wenn nicht die sechs Pulvermühlen geradezu stillstehen sollten. Es finden sich hierauf zwei interessante Königliche Ordres:

1)   „Mein lieber General der Artillerie v. Linger!

Da es die Zeit ist, daß auf die Ergänzung des Trains der Artillerie für die Armee nunmehro mit Ernst gedacht und das Erforderliche deshalb baldigst besorget, auch die abgegangenen Pferde und Knechte zur nächstkommenden Campagne wieder ersetzet werden, als habt Ihr den erforderlichen An= schlag desfalls zu machen und Mir solchen zu Meiner weitern Verfügung einzusenden.

Berlin, den 3. Februar 1745."

2)   „Mein lieber General der Artillerie v. Linger!

Auf Eure Vorstellung vom 2. dieses, den zur Ankaufung einer Quantität Salpeter und Schwefel zu thuenden Vorschuß anlangend, gebe Ich Euch hierdurch in Antwort, wie es jetzo mit dergleichen Vorschüssen nicht wohl angehet.

Berlin, den 4. Februar 1745."

Diese Ordre ist historisch wichtig; der König fühlt sich beim Beginn einer Campagne nicht in der Lage, einen Vorschuß auf die Komplettierung eines der notwendigsten Mittel zur Kriegs= führung zu bewilligen.

Als im weiteren Verlaufe des Feldzuges der König auf einen Antrag Lingers zur Beschaffung von 1500 Ellen Tuch verfügte: „auch könnten die Artilleriefnechte nicht abgerissen sein, da sie, wie die übrige Armee, erst ein halbes Jahr die Montur ge= tragen hätten", berichtete Linger wörtlich: „weilen aber auch die Artilleriefnechte meistens liederliche Kerls sind und die Stiefeln nicht schmieren, noch in acht nehmen, wie es sein sollte, so ich ehemalen selbst erfahren habe, wie in wenig Monaten solche zer= rissen werden, also glaube ich wohl, daß diese Angaben richtig sind".

Den 6. März befiehlt der König aus Potsdam die Vor= legung eines Projekts zu einem Artillerietrain, ist auch der An= sicht, daß der größte Vorrat an Patronen nach Neiße zu diri= gieren sei. Linger war mit alledem sehr prompt bei der Hand, so daß der König schon am 12. März sein Projekt genehmigte und ihm die weitere Kostenberechnung aufgab, auch 3190 Thaler zu Schiffstransportkosten, sowie 120 Thaler besonders wegen der Kugeln an die General=Kriegskasse anwies.

Unterm 27. März ist Linger bereit, nachstehende Gegenstände zu Wasser zu versenden:

2 Millionen Flintenpatronen,

1 Million Karabinerpatronen,

1500 Zentner Pulver,

2 Millionen ledige Flintenkugeln,

1 Million ledige Karabinerkugeln,

5000 zwölfpfündige Kanonenkugeln,

2000 dreipfündige Kanonenkugeln,

1500 Stück Schanzzeug,

3000 Hufeisen,

30000 Hufnägel,

das Geschirr für die Pontons,

50 Ammunitionswagen,

10 Bomben- und Granatenwagen.

Gleichzeitig meldete Linger, daß, da die Sachsen kein Pulver und dergleichen durch ihren sogenannten Fürstenbergischen Zoll auf der Oder passieren ließen, so habe das Generaldirektorium angeordnet, daß die Schiffe an der Grenze ausgeladen und die Gegenstände mit den 50 Munitions- und 59 Proviantwagen per Achse zwei Meilen wieder an die Oder herangefahren würden. Der König erinnerte sich dieser Widerwärtigkeiten beim Friedensschluß, konnte aber bei all seiner Übermacht dieses lästigen Hemmschuhes während seiner Regierung nicht los werden.

Der König befahl nachher den Wassertransport von all solchen Gegenständen bis Cosel, hatte aber das Mißgeschick, sie bei der Überrumpelung im Frühjahre zu verlieren.

In seinem Bericht vom 10. April klagt Linger hauptsächlich über den Mangel an Mannschaften und daß bereits von Magdeburg und Stettin die unentbehrlichen Kanoniere nach Berlin beordert, auch zu Wasser mit dem Pulver fortgesendet wären.

Der König erwiderte:

„Mein lieber General der Artillerie v. Linger!

Ich habe den Inhalt Eures Schreibens vom 10. mit Mehreren ersehen und bin davon sehr wohl zufrieden; was aber die Offiziere der Artillerie anbetrifft, so könnet Ihr leicht ermessen, daß Ich Euch von hier aus keine zurück= schicken kann, weil Ich selbige hier selbst noch werde ge= brauchen; dieses aber bin Ich zufrieden, daß Ihr die alten ausrangierten Kanoniers vor der Hand wieder compagniert, um dagegen die erforderliche Anzahl zur Magdeburgischen Ar= tilleriecompagnie beibringen zu können. Was die 4000 Zentner Blei anlanget, so sollet Ihr solche nur sofort bei Splitgerber und Daun bestellen lassen.

Neiße, den 16. April 1745."

Unterm 15. März überreichte Linger einen Etat über: was nach des Fürsten Anhalt Aufsatz zu einer benötigten schweren Artillerie anzuschaffen sein würde; nach dem Anschlage A werden für fehlende Ausrüstungsgegenstände 11 599 Thaler erfordert, nach dem Anschlag B der Bespannungsliste 382 Knechte und 1036 Pferde.

Unter dieser Vorlage hatte der König selbst bemerkt: „Ob er rasend toll geworden, dieses muß alles zu Wasser gehen und nicht anders, weder Pferde, noch nichts, zu transportiren".

C umfaßt den Salarien=Etat mit monatlich 852 Thaler; ein besonderes Promemoria endlich fordert zu 12 Pontons noch 28 Pferde und 70 Knechte und monatlich 68 Thaler Traktament. Darunter hatte der König selbst bemerkt: „Ist mit sehr wenig Überlegung gemacht".

Aus allen diesen Korrespondenzen ist zu ersehen, mit welcher Thätigkeit sich Linger nach den großen Verlusten aus dem un= glücklichen Feldzuge von 1744 der Mobilmachung der Artillerie zu dem Feldzuge von 1745 angelegen sein ließ, zugleich aber auch, daß er in diesem Jahre hierauf seine Thätigkeit beschränkte und nicht zur Armee abging.

Den Ausbruch des Siebenjährigen Krieges sollte Linger nicht mehr erleben. Er starb zu Berlin am 17. April 1755. Er hatte drei Königen gedient und sich das Verdienst er= worben, die Artillerie auf eine den damaligen Verhältnissen entsprechende Höhe erhoben zu haben. Seit 1698 war er ver=

mählt gewesen mit Katharina Elisabeth Gräfen aus Stargardt. Zehn Kinder sind aus dieser Ehe hervorgegangen, von denen drei Söhne und zwei Töchter jung starben. Eine seiner Töchter war vermählt mit dem Generalmajor und Commandeur der Artillerie Leonhard von Baudrye, der sich ebenfalls um seine Waffe sehr verdient gemacht hat und noch vor seinem Schwieger= vater am 13. August 1750 starb.

von Hindersin.

Ich will das Andenken an den General der Infanterie v. Hindersin und die hervorragenden Verdienste, welche er sich als General-Inspecteur um die gesamte Artillerie erworben hat, dadurch ehren, daß Ich dem Pommerschen Fußartillerie-Regiment Nr. 2 die Benennung Fußartillerie-Regiment v. Hindersin (Pommersches) Nr. 2 verleihe. Ich vertraue zu dem Regiment, daß es aus diesem Beweise Meiner Gnade einen Ansporn entnehmen wird, mit Hingebung und Pflichttreue dem Könige und dem Vaterlande seine Dienste bis in die fernste Zukunft zu widmen.

Berlin, den 27. Januar 1889.

gez. Wilhelm R.

An
das Pommersche Fußartillerie-Regiment Nr. 2.

Dem Pfarrer Hindersin in Wernigerode a. H. wurde am 18. Juli 1804 ein Sohn geboren, der in der heiligen Taufe die Namen Gustav Eduard erhielt. Nachdem derselbe seine erste Erziehung und Bildung im elterlichen Hause erhalten hatte, wurde er dem Lyceum zu Wernigerode über= wiesen, das er als tüchtiger Primaner im Jahre 1820 verließ, um am 16. Oktober desselben Jahres in die damals in Erfurt garnisonierende 3. Artillerie=Brigade einzutreten. Nach Besuch der Brigadeschule im Jahre 1823 zum Portepee=Fähnrich be= fördert, besuchte er bis 1825 die vereinigte Artillerie= und In= genieurschule in Berlin und ward im Juli 1825 zum Sekonde= leutnant ernannt. Im Jahre 1827 kehrte er wieder zu seiner Truppe zurück. Der die Brigade kommandierende Oberst Mon= haupt war eine ausgezeichnete militärische Kraft; von ihm em= pfing denn auch der junge, strebsame Leutnant Hindersin eine Fülle von Anregung. Nachdem er von 1827—1828 zur Artillerie= Werkstatt nach Berlin kommandiert gewesen war, wurde er 1829 zum Besuch der Kriegsakademie einberufen. Nach Ab= solvierung derselben war er von 1833—1835 in der 3. Ar= tillerie=Brigade zu Magdeburg als Abteilungs=Adjutant und Lehrer an der Brigade=Schule thätig. Hierauf war er drei Jahre lang zum Topographischen Bureau des Generalstabes komman= diert und kehrte 1838 als Premierleutnant nach Magdeburg zurück. In den nun folgenden zwei Jahren verkehrte er in dieser Garnison als gern gesehener Gast in den höheren Ge=

8*

sellschaftskreisen und gab damit den jüngern Offizieren, die sich damals von solchem Familienverkehr mehr zurückzuhalten pflegten, ein anregendes Vorbild. Im Jahre 1841 zur Dienstleistung beim Großen Generalstab kommandiert, erwarb er sich durch Bearbeitung einer Preisfrage: „Über den Gebrauch der Divisions-Artillerie in Schlachten und Gefechten" vom damaligen Chef der Artillerie, Prinzen August von Preußen, eine lobende Anerkennung, wurde sodann im April 1842 unter Versetzung in den Generalstab zum Hauptmann befördert und dem General-Kommando des 1. Armeecorps in Königsberg zugeteilt.

Daselbst verheiratete er sich am 8. Oktober 1844 mit der Tochter des Justizrats Stellter. Im Jahre 1846 wurde er unter Beförderung zum Major zum Großen Generalstab nach Berlin versetzt, und wirkte sodann in den Jahren 1847 und 1848 als Lehrer an der Kriegsakademie.

Die Revolutionsideen des Jahres 1848 waren die Ursache einer in Süddeutschland auftretenden Insurrektion. Den Anfang nahm diese Bewegung in der Pfalz und setzte sich von da fort nach dem benachbarten Großherzogtum Baden, wo der größte Teil der Armee sich der Rebellion anschloß. Die Führerschaft des Insurgentenheeres übernahm der Pole Ludwig v. Mieroslawski. König Friedrich Wilhelm IV. erkannte die Gefahr, welche in dieser Bewegung dem deutschen Gesamtvaterland drohte, und entschloß sich die nötigen Schritte zu thun, um den Aufstand durch Waffengewalt zu unterdrücken. Die dazu bestimmte Armee, deren Oberbefehl der Prinz von Preußen (nachmaliger Kaiser Wilhelm I.) übernahm, bestand aus zwei preußischen Corps unter den Generalleutnants v. Hirschfeld und Graf v. b. Gröben und einem Reichscorps unter dem bisherigen Reichskriegsminister und preußischen Generalleutnant v. Peucker, letzteres zusammengesetzt aus den Truppen verschiedener deutschen Staaten (Bayern, Württembergern, Hessen, Nassauern, auch zwei Bataillonen Preußen). Dem General v. Peucker wurde Major Hindersin zuerst als Unterchef, demnächst als Chef des Generalstabes zugeteilt.

Noch vor Eintreffen der zwei preußischen Corps stand das Reichscorps den Insurgenten am Neckar gegenüber. Bald kam es
hier nach dem Einmarsch des Corps ins Badische zu Gefechten,
an denen Major Hindersin teilnahm: bei Hirschhorn, Käferthal,
Weinheim und am 15. Juni 1849 bei Ladenburg. In letzterem
traf ihn das Mißgeschick, von den Insurgenten gefangen genommen zu werden. Ladenburg, etwa 300 Schritte vom Neckar
und der Eisenbahn abgelegen, ist mit Thürmen, Mauern und
teilweise auch mit Gräben versehen. Auch sonst bietet der Ort
einer Verteidigung viele Mittel dar. Trotzdem räumten denselben die Insurgenten, als sich Teile des Peuckerschen Corps
näherten. Eine kleine Truppenmacht unter Oberst v. Witzleben
besetzte nun die Stadt. Bald aber wurde dieselbe von frischen
Insurgentenscharen bedroht, so daß Major Hindersin zurückritt,
um den kommandierenden General um Verstärkung zu bitten.
Letzterer befahl denn auch, daß aus Weinheim 2 Bataillone und
2 Geschütze nach Ladenburg zu entsenden seien. Ehe aber die
Hilfe eintraf, griffen die Insurgenten immer kühner an, so daß
die Lage der Besatzung sich sehr kritisch gestaltete. Major Hindersin hatte sich auf den Kirchturm von Ladenburg begeben, um
von da aus das Gefecht zu überblicken und nach der erwarteten
Unterstützung zu spähen. Inzwischen war bereits ein großer
Teil der Besatzung zum Rückzug genötigt worden. Nur eine
schwache Abteilung unter Leutnant v. Zglinitzki vom preußischen
38. Regiment war zum Schutz des Majors Hindersin aufgestellt,
wurde aber so rasch geworfen, daß der Leutnant sich kaum in
ein Haus retten konnte, von wo er durch List der Gefangenschaft entging und am andern Morgen in Zivilkleidern wieder
bei seiner Truppe anlangte. Major Hindersin fiel jedoch den
Insurgenten in die Hände. Der Jubel derselben war grenzenlos,
und daß sie ihren Gefangenen nicht mordeten, konnte Mieroslawski nur mit Mühe durchsetzen. Nur die Hoffnung, ihn zur
Auswechslung später benutzen zu können, rettete dem Major
Hindersin das Leben. Er wurde in Rastatt in hartem Gewahr-
sam gehalten, und erst am 22. Juli, dem Tag der Übergabe

dieser Festung an die deutschen Truppen, in Freiheit gesetzt. Nach Beendigung des Feldzuges in Baden wurde Major Hinderfin zum Generalstab des 6. Armeecorps nach Breslau kommandiert und schon das Jahr darauf zum Commandeur der 2. Fußabteilung der 6. Artillerie-Brigade ernannt. 1853 erfolgte seine Beförderung zum Oberstleutnant und das Jahr darauf zum Oberst und Commandeur der 2. Artillerie-Brigade in Stettin. Seine außerordentliche Tüchtigkeit wurde auch durch weiteres schnelles Avancement anerkannt, denn im März 1858 trat er als Inspecteur an die Spitze der damaligen 3. Artillerie-Inspektion in Breslau, wurde noch im Mai desselben Jahres zum Generalmajor, im Oktober 1861 zum Generalleutnant befördert und im Januar 1864 als Inspecteur der 2. Artillerie-Inspektion nach Berlin versetzt.

In demselben Jahre noch wurde ihm Gelegenheit geboten, seine Tüchtigkeit auch vor dem Feinde zu beweisen. Der deutsch-dänische Krieg nahm in seinen Anfängen einen schnellen Verlauf. Nur vor der für die Dänen sehr günstigen und an sich sehr festen Düppelstellung wurde den vordringenden verbündeten Truppen ein längerer Halt geboten. Wenn nicht durch einen sofortigen Sturm ein ungeheures Opfer an Menschenleben gebracht werden sollte, so mußte man zu einer Belagerung der Düppler Schanzen nach allen Regeln der Kriegskunst schreiten. Um die Durchführung der seitens der Artillerie und des Ingenieurcorps projektierten Arbeiten in eine feste sachkundige Hand zu legen, wurde General Hinderfin mit der technischen Oberleitung des Artillerie- und Genie-Angriffs gegen die Schanzen beauftragt. Unter ihm wirkten Oberst Colomier von der Artillerie und Oberstleutnant v. Kriegsheim, später Oberst Mertens vom Ingenieurcorps. In der Nacht vom 29. zum 30. März wurde etwa 1000 Meter vor den Schanzen die erste Parallele ausgehoben und in den nächsten Tagen von den Pionieren ausgebaut. Am 5. April schob die Gardedivision ihre Vorposten auf die Höhe der zweiten geplanten Parallele, dahinter wurde in der Nacht vom 7. zum 8. April eine Halbparallele angelegt.

Die preußische Belagerungs=Artillerie hatte gleich in den ersten
Tagen ihre große Überlegenheit über die dänische bewiesen,
welche kaum noch zu antworten vermochte. Für den 9. April
hatten die Dänen einen großen Ausfall geplant, welcher mit einer
Beschießung der Parallelen beginnen und durch das Panzerschiff
„Rolf Krake" unterstützt werden sollte. Letzteres aber sollte vor
dem eigentlichen Sturm der Zerstörung nicht ausgesetzt werden,
und das Feuer der Schanzen wurde sofort von den preußischen
Geschützen gedämpft, so daß es zu dem Ausfall gar nicht kam.
Übrigens war die Wirkung der preußischen Geschütze eine so
große, daß die Scharten in den Schanzen bei Tage vollständig
verstopft, die Geschütze zurückgezogen und nur bei Nacht in die
geöffneten Scharten gestellt wurden. Viele Rohre waren un=
brauchbar geworden. In der Nacht vom 14. zum 15. April
wurde die dritte Parallele ohne Störung eröffnet, obgleich eine
mondhelle Nacht die Arbeit beschien, welche doch nur 2= bis
300 Meter von den Schanzen entfernt ausgeführt wurde. In
der Nacht vom 17. zum 18. wurden die Sturm=Kolonnen auf
den ihnen angewiesenen Wegen zur dritten Parallele gebracht.
102 feuernde Angriffsgeschütze hatten den Sturm vorzubereiten.
Dieselben hatten den Befehl erhalten, um 4 Uhr ihr Feuer
zu eröffnen, welches bis 10 Uhr mit solcher Heftigkeit geführt
wurde, daß 7900 Geschosse in die Schanzen geworfen wurden.
Pünktlich um 10 Uhr, genau wie es angeordnet war, schwiegen
die Geschütze und die Kolonnen brachen hervor. Der Erfolg
war ein glänzender. In verhältnismäßig kurzer Zeit wehte
die preußische Fahne auf sämtlichen Schanzen, und damit war
seit den Befreiungskriegen wieder die erste große Waffenthat
ausgeführt. Die energischen Maßnahmen des Generals Hin=
dersin hatten wesentlich zur Förderung des Angriffes auf die
feindliche Position, sowie zur Sicherung der Resultate beige=
tragen.

In Anerkennung seiner in diesem Feldzuge geleisteten aus=
gezeichneten Dienste ward er in den Adelstand erhoben und
für den Sturm auf Düppel mit dem Orden pour le mérite

dekoriert. Auch der Kaiser von Österreich bewies ihm seine
Anerkennung durch Verleihung des Großkreuzes des Leopold=
Ordens mit den Kriegsabzeichen. Noch im Jahre 1864 wurde
General v. Hindersin zum General = Inspecteur der Artillerie
und zum Kurator der vereinigten Artillerie= und Ingenieur=
schule ernannt. Während er sich mit weitgehenden Plänen,
welche die Bewaffnungs=, Organisations= und Ausbildungs=
fragen der Artillerie betrafen, trug, brach der Feldzug 1866
aus, welchen er als Artillerie=General im großen Hauptquartier
des Königs mitmachte und nach dessen Beendigung er im Sep=
tember zum General der Infanterie ernannt wurde.

Die auch in diesem Feldzuge gesammelten Erfahrungen ver=
wertete General v. Hindersin zur Entwickelung und weiteren
Vervollkommnung der preußischen Artillerie, wobei er die Ideen
des verewigten Prinzen August fest im Auge behielt.

Im Jahre 1868 berief ihn das Vertrauen des Königs
zum Mitglied der Landesverteidigungs = Kommission, und im
September 1869 erfolgte seine Ernennung zum Chef des
Pommerschen Feld=Artillerie=Regiments Nr. 2.

Während des Feldzuges 1870/71 befand sich General
v. Hindersin als Chef der Artillerie wiederum im großen
Hauptquartier des Königs und nahm teil an den Schlachten
bei Gravelotte, Sedan, der Belagerung und Beschießung
von Paris. Zum Zeichen der Anerkennung seiner Verdienste
in diesem Feldzug erhielt er das Eiserne Kreuz zweiter und
erster Klasse. Auch ehrte ihn der Kaiser durch folgende Kabi=
nettsordre:

„Die Waffe, deren Ausbildung Sie seit einer Reihe
von Jahren leiteten, hat einen so überaus rühmlichen An=
teil an den großen Erfolgen des soeben beendeten Feldzuges
gehabt, daß es Mir ein lebhaftes Bedürfnis ist, an dem
heutigen denkwürdigen Tage des Einzuges der Truppen in
Berlin Meine warme Anerkennung hierfür auszusprechen und
Ihnen auch persönlich ein Zeichen meiner Zufriedenheit zu
geben, indem Ich Ihnen die Berechtigung zum Tragen der

Uniform der Garde-Artillerie unter Stellung à la suite des
Garde-Feldartillerie-Regiments erteile.

Berlin, den 16. Juli 1871.

gez. Wilhelm."

Aber auch schwere Schicksalsschläge blieben ihm während
des Feldzuges nicht erspart. Im Juli 1870 erhielt er die
Nachricht von dem Tode seiner ältesten, glücklich verheirateten
Tochter. Sodann wurde ihm im November sein ältester, hoff-
nungsvoller Sohn, der Leutnant Otto v. Hindersin im Kaiser
Franz Garde-Grenadier-Regiment, durch den Tod entrissen.
Derselbe starb zu Sachsenhausen in den Armen seiner Mutter
an seiner bei St. Privat erhaltenen Wunde. — In diesem
Schmerze, der sein Vaterherz traf, konnte ihn das Bewußtsein
zur Aufrichtung dienen, dem Vaterland in seinem Wirkungskreise unschätzbare Dienste geleistet und zum Siege an seinem
Teile durch Aufbesserung der Artillerie beigetragen zu haben. —
Der rühmliche Anteil dieser Waffe an den Erfolgen des
Krieges 1870/71 ist hauptsächlich zurückzuführen auf die Überlegenheit des preußischen gezogenen Geschützsystems, dessen Einführung er nach dem Feldzuge von 1866 trotz manchen Wider-
standes durchsetzte. Ebenso richtete er sein Augenmerk auf eine
durchgreifende Vorbildung der Offiziere für die taktische Verwendung der Waffe im Felde, wie im Belagerungs- und
Festungskriege. Um nach beiden Richtungen hin erfolgreich zu
wirken, wurde auf seinen Antrag 1867 die Artillerie-Schießschule
ins Leben gerufen, über deren hohen Nutzen in der Folge in
Fachkreisen nur eine Stimme war.

Am 18. Juli 1871, seinem 67. Geburtstag, war es ihm
vergönnt, in voller körperlicher und geistiger Frische sein fünfzig-
jähriges Dienstjubiläum zu feiern. Der Kaiser verlieh ihm
bei dieser Gelegenheit das Großkreuz des Roten Adlerordens;
das gesamte Offiziercorps der preußischen Artillerie erfreute
ihn durch Überreichung eines künstlerisch vollendeten silbernen
Tafelaufsatzes. Ohne eigentlich krank gewesen zu sein und nachdem er eben noch einer mehrstündigen Vorstellung seitens der

Artillerie = Prüfungs = Kommiſſion beigewohnt hatte, erlag er in
der Nacht zum 25. Januar 1872 plötzlich einem Herzſchlag.
Der Familie wurde dadurch das teure, fürſorgliche Haupt,
dem Kaiſer und dem Vaterland ein hochverdienter General ent=
riſſen, dem ein dankbares Andenken über das Grab hinaus
in der Armee und insbeſondere in ſeiner Waffe, der Artillerie,
geſichert bleibt. Am 27. Januar wurde ſeine irdiſche Hülle
auf dem Invalidenkirchhof an der Seite ſeiner vor ihm vollen=
deten beiden älteſten Kinder mit allen militäriſchen Ehren zur
letzten Ruhe beſtattet.

Encke.

Ich will das Andenken des um die Entwickelung und Förde=
rung der Artillerie hochverdienten Generalleutnants Encke dadurch
ehren und in Meiner Armee lebendig erhalten, daß ich dem
Magdeburgischen Fußartillerie=Regiment Nr. 4 den Namen Fuß=
artillerie=Regiment Encke (Magdeburgisches) Nr. 4 verleihe. Ich
weiß, daß das Regiment, welches bei allen Gelegenheiten mit be=
sonderer Auszeichnung gefochten hat, sich diesen Beweis Meiner
Gnade zum Antriebe dienen lassen wird, die unerschütterliche
Pflichttreue auch in Zukunft in allen Verhältnissen zu bewähren.

Berlin, den 27. Januar 1889.

gez. Wilhelm R.

An

das Magdeburgische Fußartillerie=Regiment Nr. 4.

Die Familie Encke stammt aus dem sächsischen Vogtlande, wo sie bis 1813 im Besitz des Schulzengutes und Schultheißenamtes zu Ebersgrün bei Pausa war. Sowohl Großvater als auch Vater des Generals waren Prediger; letzterer, Johann Michael Encke, in Meienburg, vier Meilen nördlich von Bremen, und vom 13. Mai 1785 an der St. Jacobi-Kirche in Hamburg, wo 1793 seine Stelle verbessert und er im Januar 1795 Archidiakonus wurde. Die Gattin desselben war eine geborne Misler, Tochter des Oberaltensekretärs und Doktors der Rechte Johann Gottfried Misler.

Als neuntes und letztes Kind dieser Ehe wurde August Encke am 29. Juli 1794 geboren. Schon am 21. März 1795 starb sein Vater, und die Erziehung der vielen Kinder lag nun ganz in der Hand der Mutter. Diese ausgezeichnete und begabte Frau verstand es, mit den geringen ihr zu Gebote stehenden Mitteln einen einfachen, aber allen genügenden Haushalt einzurichten; sie erzog ohne nachteilige Strenge mit ungewöhnlicher Energie nicht nur die Töchter, sondern auch die Knaben musterhaft; sie bewies im Ertragen von Entbehrungen und körperlichen Leiden eine heroische Stärke und große Heiterkeit; sie bildete durch das eigne Beispiel den Charakter ihrer Kinder und erwarb sich die lang über das Grab hin dauernde Liebe der Ihrigen im höchsten Maße. Im Jahre 1806 wurde August Encke in das Johanneum, das Hamburgische Gymnasium, aufgenommen, dem sein älterer Bruder Franz, der spätere Astronom, bereits ein Jahr lang als Schüler angehört hatte. Seine Hauptlehrer waren hier der Direktor der Anstalt, der als Schulmann berühmte Theologe und Philologe Johann Gottfried Gur-

litt, und ein Freund seines verstorbenen Vaters, Karl Friedrich
Hipp, ein vortrefflicher Lehrer, Mathematiker und Philologe.
Außerdem wirkte an der Schule seit 1809 oder 1810 als Kol=
laborator der Kandidat des Hamburger geistlichen Ministeriums
Encke, der fünf Jahre in Göttingen studiert hatte, wahrschein=
lich Augusts älterer Bruder Georg Friedrich, geboren 1782,
gestorben 1852 als Pastor in Eutin. Doch hat derselbe nur
in den untern Klassen unterrichtet, denen sein Bruder schon ent=
wachsen war.

Die beiden Brüder und Mitschüler Franz und August wett=
eiferten zur Freude der Mutter im Fleiße und erweckten schon
damals schöne Hoffnungen für ihre Zukunft.

Als am 9. November 1806 die Franzosen in Hamburg ein=
zogen, lagen beide Brüder an den Masern krank darnieder, ge=
naßen jedoch sehr bald.

In der Familie herrschte ein fröhlicher Geist; während am
Tage jedes Glied seinem Beruf und Geschäft nachging, ver=
sammelten sich alle beim Abendessen und blieben den Rest des
Tages in traulicher Geselligkeit beisammen. Nach außen hin
tobte der Krieg, Hamburg war seit 1806 von den Franzosen
besetzt und 1810 dem französischen Reiche einverleibt worden.
Diese Verhältnisse übten ihren Druck auch auf die ruhige und
bescheidene Familie Encke aus und brachten manche sorgenvolle
Stunde.

Im Jahre 1811 wurde den Geschwistern die Mutter durch
den Tod entrissen. Ihre letzte Ermahnung an die Kinder war
die, in Einigkeit und Liebe miteinander zu leben und in Gott=
vertrauen den Weg durchs Leben zu gehen. Dieses zu erfüllen
gelobten sich die Geschwister gegenseitig am Sarge der Mutter,
und sie haben es gehalten.

Die Mittel für das Auskommen war nun der Gegenstand
gemeinschaftlicher Beratungen der verwaisten fünf Brüder und
drei Schwestern. Die Geschwister mieteten das Sterbehaus der
Mutter, und da die ältesten unter ihnen schon kleine Erwerbs=
quellen hatten, auch alle an Bescheidenheit und Anspruchslosigkeit

gewöhnt waren, so konnte jeder den betretenen Weg ungehindert weiter verfolgen. Im Herbst desselben Jahres ging Franz nach Göttingen, um daselbst Mathematik und Astronomie zu studieren. August Encke gehörte zu den Musterschülern der Anstalt. Schon 1808 konnte er neben andern Mitschülern in einer öffentlichen Redeübung auftreten. Im Frühjahr 1813 war er bereits zwei Jahre „Zuhörer in den ersten Klassen". Da plötzlich wurde sein Studiengang durch Hamburgs Befreiung von der Fremd= herrschaft unterbrochen. Am 19. März 1813 erging der Auf= ruf zur Bildung einer hanseatischen Legion. August Encke trat, wahrscheinlich noch im März, in die bei dieser Truppe formierte Abteilung reitende Artillerie ein, welche unter dem Befehl des Kapitäns, späteren Majors v. Sporeman stand und zwei Hau= bitzen und vier leichte Geschütze mit sich führte. Franz Encke folgte später dem Beispiel des jüngern Bruders.

Über den Abgang August Enckes aus dem Johanneum enthält das Frühjahrsprogramm 1813 dieser Anstalt folgende Notiz:

„Uebrigens sind bereits vor einigen Wochen zwei sehr geschickte und wohl vorbereitete Primaner zu Militärdiensten übergegangen: (1) August Encke, aus Hamburg, 19 Jahre alt, welcher 7 Jahre im Johanneum studirte und 2 Jahre Zuhörer in den ersten Classen war, . . ."

Bereits am 18. März 1813 war Hamburg von dem russi= schen Oberst Tettenborn besetzt worden, und sofort stellte man die frühere Verfassung wieder her. Am 30. Mai wurde das Tettenbornsche Corps durch die Franzosen unter Davoust wieder aus Hamburg verdrängt und wich nach Lauenburg und Mecklen= burg aus; diesem Corps schloß sich die Hanseatische Legion an.

Auch Franz Encke verließ im Juni Göttingen, um in diese Truppe einzutreten. Er wurde derselben Compagnie der reitenden Artillerie, in der sein jüngerer Bruder inzwischen bereits Wacht= meister geworden war, als Kanonier überwiesen. Am 3. Juli finden wir die Brüder in Greven bei Parchim, am 17. in Jve= nack bei Stavenhagen, am 23. in Stüer bei Röbel, lauter kleine

Orte in Mecklenburg, da der abgeschlossene und noch verlängerte
Waffenstillstand keine besondere Thätigkeit der Legion zuließ.
Am 5. September rückte die Hanseatische Legion, nachdem sie
in englische Dienste getreten und ebenso zu England wie die
hannoversche Armee gestellt war, ins Feld; August Encke war
in seiner Compagnie bereits zum Leutnant avanciert und der
ältere Bruder Franz an seiner Stelle Wachtmeister geworden.
Unter General Tettenborn, vereinigt mit dem Lützowschen Corps
und mit Kosaken, rückten die Hanseaten bis eine Stunde vor
Ratzeburg, bogen von dort ab in das Eutinische und fochten
am 16. September in der blutigen Schlacht an der Göhrde,
wo Wallmoden das von Davoust unter Pecheur abgeschickte
Corps angriff und aufrieb. Die Hanseaten verloren keinen
Mann; sie rückten nach Lüneburg vor, gingen zurück nach
Boitzenburg und machten im Oktober Tettenborns kühnen Zug
nach Bremen mit. Im Jahre 1814 beteiligte sich die Hanseatische Legion nicht weiter an kriegerischen Aktionen. Franz Encke
nahm deshalb am 24. Juni als Wachtmeister-Major seinen Abschied und wendete sich in Göttingen wieder dem Studium zu.
Auch der jüngere Bruder August scheint einige Zeit später aus
seiner Truppe ausgeschieden zu sein. Von dem Senat seiner
Vaterstadt erhielt er die silberne Tapferkeitsmedaille am rot-
weißen Bande, die er bis an sein Lebensende in hohen Ehren
hielt.

Als nach Napoleons Rückkehr 1815 der Kampf gegen denselben noch einmal aufgenommen werden mußte, eilten die beiden
Brüder Encke, denen sich noch ein Freund und Studiengenosse
mit Namen Heise anschloß, aufs Neue zu den Fahnen. Sie
reisten nach Berlin, um als Offiziere in die preußische Artillerie
einzutreten. Nachdem sie schon vorher den ihnen bekannten Professor Savigny um seine Fürsprache gebeten hatten, wendeten
sie sich an den Chef der Artillerie, den Prinzen August von
Preußen, um bei dieser Truppe Anstellung als Offiziere zu erhalten, worauf sie den Bescheid bekamen, daß man geneigt sei,
ihrem Gesuche zu entsprechen, wenn sie sich dem hierzu erforder-

lichen Examen unterwerfen wollten. Mit Freuden gingen sie
hierauf ein und bestanden die schriftliche und mündliche Prüfung
so gut, daß August Encke als Premierleutnant, sein Bruder und
der Freund Heise als Sekondeleutnants angestellt wurden. Um
das preußische Exercitium und den Dienst zu lernen, wurden die
neuen Offiziere nach Graudenz geschickt, wohin sie am 25. Juni
abreisten. Im Frühjahr 1816 nahm Franz seinen Abschied, um
zu seinen astronomischen Studien zurückzukehren; August diente
dagegen weiter und wurde am 23. Mai 1816 der preußischen
1. Artillerie-Brigade aggregiert. Am 9. April 1818 wurde er
als Kapitän zur 6. Artillerie-Brigade versetzt.

Es ist sehr zu bedauern, daß aus der nun folgenden Zeit
seines Lebens, bis dahin, wo er als Präses der Artillerie-
Prüfungs-Kommission eine hervorragende Stellung einnahm, nur
wenig mehr bekannt ist, als sein Avancement, sowie die Truppenteile und Garnisonen, denen er in dieser Zeitperiode angehörte.
Alle Aufzeichnungen und Briefe des Generals sind nach seinem
Tode von der Familie vernichtet worden, weil dieselbe nicht
wollte, daß der schriftliche Nachlaß in fremde Hände käme.

Am 7. November 1834 wurde Encke als Assistent zur Ar-
tillerie-Abteilung des Allgemeinen Kriegs-Departements versetzt
und am 30. März 1836 zum Major befördert.

Am 30. April 1839 erfolgte seine Ernennung zum Ab-
teilungs-Commandeur der Festungs-Reserve-Artillerie in Luxemburg mit Aggregierung bei der 8. Brigade.

Nachdem er am 27. Februar 1844 zum Brigadier der
1. Brigade ernannt worden war, wurde er am 22. März 1845
zum Oberstleutnant befördert.

Zwei Jahre später, am 27. März 1847, wurde er Chef des
Generalstabes der General-Inspektion der Artillerie unter General
v. Hahn. Mit diesem bildete Encke eine für die Waffe heil-
same Ergänzung. Denn während der Inspecteur nur allzu
zäh an dem Althergebrachten festhielt, war sein Chef um Aufbesserung der Artillerie nach allen Richtungen hin bemüht.
Namentlich suchte er die Erfahrungen, die bei der schwerfälligen

Mobilmachung des Jahres 1850 gemacht worden waren, aus=
zunutzen.

Am 10. Mai 1848 wurde er zum Oberst, am 23. März
1852 zum Generalmajor befördert und zum Inspecteur der
4. Artillerie=Inspektion in Coblenz ernannt, am 18. Mai 1854
in gleicher Eigenschaft zur 2. Artillerie=Inspektion nach Berlin
versetzt. Nachdem er noch vorübergehend als Präses der Raketen=
Versuchs=Kommission thätig gewesen war, auch eine Zeit lang
als Mitglied der Kommission zur Beurteilung der Preisaufgaben
gewirkt hatte, erfolgte am 27. Juni seine Ernennung zum Präses
der Artillerie=Prüfungs=Kommission und der Prüfungs=Kommission
für Artillerie=Premierleutnants.

Schon vor dieser Ernennung hatte er durch eine litterarische
Leistung in größeren Fachkreisen sich bemerkbar gemacht. In
den Kriegen von 1848—50 war bei der Artillerie der Mangel
an taktischer Ausbildung als ein großer Übelstand empfunden
worden. Auch an Führern hatte es gefehlt. In der Verwen=
dung der Artillerie war nicht nur das Auftreten einzelner Bat=
terien, sondern in noch höherem Grade die Zersplitterung der
Batterie in einzelne Züge die Regel gewesen. In dem Artille=
risten war der Taktiker ganz untergegangen. Über der eigen=
tümlichen Wirkung des einzelnen Geschützes war die Batterie
als solche ganz vergessen worden. Diese Fehler fanden in einem
1850 bekannt gewordenen Aufsatze eines preußischen Generals
(„Militärisches Altes und Neues vom General v. Holleben")
eine Beurteilung in den Worten: „Im badischen Feldzuge hat
die Artillerie nur selten Gelegenheit gehabt, ihre gewichtigen
Würfel rollen zu lassen." Dieser Ausspruch rief eine Schrift
des Generals Encke: „Über Führung nnd Gebrauch der
Feldartillerie" (1851) hervor.

Encke meinte: „Jener Ausspruch soll soviel heißen, als die
Artillerie habe nicht besonders viel geleistet, während sie andrer=
seits doch von den betreffenden Generalen, die in Baden kom=
mandierten, gelobt wird." Es habe aber in auffallendem Grade
an einer guten Führung der Artillerie in Baden gefehlt. Die

Artillerie habe bisher zu wenig mit andern Truppen manövriert, sie könne nur reiten und fahren. Ferner sei leider die Ansicht lange und allgemein verbreitet, bei der Artillerie könne von selbständiger Führung nicht die Rede sein. Es sei nun zu untersuchen, welche Ansprüche man gegenwärtig an Führung und Gebrauch der Feldartillerie in taktischer Beziehung machen könne und müsse, um sie zu befähigen, als Schußwaffe das Höchste zu leisten.

„Die taktische Ausbildung der Artillerie befähigt sie, in größern Massen Bewegungen rasch und präzise auszuführen. Sie kann den Feind in einem selbständigen Auftreten zu Boden werfen, und dies, wenn sie ihr Feuer nicht zersplittert und bis auf wirksame Schußweite dem Feinde auf den Leib geht.‟

Weiter trat er in dieser Schrift dafür ein, daß für mehrere Batterien stets ein höherer Offizier das Kommando führen, und daß eine geschlossene Abteilung von fünf Batterien die Reserve-Artillerie bilden sollte. „Bessere Gliederung der Artillerie eines Armeecorps‟, das war der Zweck der Enckeschen Vorschläge, die damals noch immer ihre Gegner hatten. Aber allmählich wandelten sich die Ansichten doch.

Bald nachdem Encke seine Stellung als Präses der Artillerie-Prüfungskommission angetreten hatte, erließ er eine neue Vorschrift für die Geschäftsführung dieser Kommission. Die Geschäfte derselben sollten sich lediglich auf artilleristische Gegenstände beschränken. Das Personal bestand aus beratenden und außerordentlichen Mitgliedern. Nur die ersteren waren stimmberechtigt, die letzteren hatten nur in Betreff der ihnen zugewiesenen Arbeiten Stimme. In jene Zeit fallen auch die vorbereitenden Arbeiten zur Einführung der gezogenen Geschütze. Schon im Februar 1850 war der Artillerie-Prüfungs-Kommission durch den Prinzen Adalbert der Auftrag geworden, zu berichten, ob die Konstruktion gezogener Geschütze in Preußen notwendig sei. Unmittelbar darauf begannen die ersten Versuche. Unter der genialen Leitung des Generals Encke brachte die Kommission die wichtige Angelegenheit zum Abschluß. Die Schießversuche mit gezogenen Geschützen fanden auf dem Tegler Schießplatz,

außerdem in Schweidnitz und Jülich statt; mehreren Versuchs-
schießen wohnte der Prinz-Regent persönlich bei.

Durch Kabinettsordre vom 7. Mai 1859 wurde bestimmt,
daß so schnell als möglich dreihundert gezogene Geschütze für die
Feldartillerie beschafft werden sollten. Die generelle Einführung
gezogener Festungsgeschütze erfolgte mit Genehmigung des Prinz-
Regenten im April 1860. Unter Enckes Präsidium hat auch die
Artillerie-Prüfungskommission die erste Verbindung mit der
Firma Krupp in Essen angeknüpft, die seit jener Zeit eine treue Mit-
arbeiterin der Kommission geblieben ist.

General Encke lebte nur für den Dienst und hatte eine emi-
nente Arbeitskraft. Bekannt ist sein Ausspruch: „Der Tag hat
24 Stunden, und kommt man damit nicht aus, so kann man
auch noch die Nacht zu Hülfe nehmen." Da damals auch die
Feuerwerks-Abteilung sowie die Oberfeuerwerkerschule in allen
nichttechnischen Angelegenheiten zur 2. Inspektion gehörte, so erhielt General Encke durch die ihm obliegende Inspizierung der
Abteilung sowie durch die Prüfungen der Oberfeuerwerker noch
einen Zuwachs seiner an sich schon umfangreichen Dienstpflichten.
Nicht bloß als ein Muster der Pflichterfüllung und unermüdlichen
Thätigkeit, sondern auch als Menschenfreund verdient General
Encke gepriesen zu werden. Er gab gern und reichlich, wo es not
that, und schlug selten ein Bittgesuch ab. Verschuldeten jüngern
Kameraden hat er auch unaufgefordert geholfen, um sie zu retten.
Seine geselligen Bedürfnisse waren nicht groß. Eine Whistpartie
gehörte zu seinen liebsten Erholungen. Charakteristisch für den
arbeitsamen Mann war sein Ende. Sein Diener fand ihn am
Morgen des 26. Juni 1860 tot im Stuhl vor dem Schreibtisch
sitzend. Er wurde mit den ihm gebührenden militärischen Ehren
auf dem Invalidenkirchhof beerdigt. Dem Marmorkreuz, das
ihm die Familie aufs Grab setzen ließ, wurde im Jahre darauf
noch eine eiserne Gedenktafel hinzugefügt, welche die Offiziere
der Artillerie stifteten. Hiermit wurde eine schlichte Feier am
Grabe verbunden, über deren Verlauf der „Soldatenfreund"
(Jahrgang 1861, Heft 1) folgenden Bericht bringt:

„Am 26. Juni 1860 war der Inspecteur der 2. Artillerie=
Inspektion und Präses der Artillerie = Prüfungskommission,
Generalleutnant Encke, nachdem er unter schweren körperlichen
Leiden bis zum letzten Augenblicke für seinen Beruf erfolg=
reich thätig gewesen war, sanft entschlafen, tief betrauert von
seiner Familie, von der Waffe, für die er gelebt und gewirkt,
und von den Vielen, denen er im Leben Gutes erwiesen hatte.
Nach solchem Hingange regte sich denn auch bei vielen Offi=
zieren der Waffe der Wunsch, daß den Gefühlen der Ver=
ehrung und Hochschätzung für den Verblichenen auch ein äußerer
Ausdruck gegeben würde, und zwar dem Grabkreuze, welches
die Familie dem Dahingegangenen bereits errichtet, mit Ein=
willigung dieser eine Gedenktafel hinzuzufügen. Jene jetzt
vollendete Gedenktafel, in Eisen gegossen und von artilleristi=
schen Emblemen umgeben, trägt die einfache Inschrift: ‚Dem
wohlwollenden Führer von seinen Waffengenossen‘ und lehnt
sich an den Fuß des auf dem Grabe befindlichen Kreuzes an.
Der Vorabend der ersten Wiederkehr des Todestages wurde
dazu bestimmt, um die Anbringung dieser Tafel mit einem
anspruchslosen Akt kameradschaftlicher Pietät in Verbindung
zu bringen, zu welchem sich um 8 Uhr abends auf dem In=
validenkirchhof am Grabe des Verblichenen nächst dem dazu
eingeladenen Bruder desselben, dem Direktor der Sternwarte
Professor Encke, Se. Exzellenz der Herr Generalfeldmarschall
Freiherr v. Wrangel, Se. Königliche Hoheit der komman=
dierende General des Gardecorps Prinz August von Württem=
berg und mehrere Generale, sowie eine große Zahl von Offi=
zieren aller Grade und von Unteroffizieren der Artillerie
versammelten. Nach einer vom Trompetercorps der Garde=
Feldartillerie=Brigade geblasenen Choral ließ des Verstorbenen
Amtsnachfolger, der Generalleutnant v. Puttkamer, dessen An=
denken Worte, die bewegt vom Herzen kamen und tief bewegend
zum Herzen drangen. Er begann damit, wie es in der Absicht
gelegen, der enthüllten Gedenktafel durch den Mund desjenigen
berufenen Dieners des göttlichen Wortes die Weihe zukommen

zu laſſen, der vor Jahresfriſt an derſelben Stätte dem Da=
hingeſchiedenen den letzten Segen erteilt habe; da dies aber
wegen Jenes Abweſenheit zufällig nicht habe zur Ausführung
kommen können, ſo möge es dem ſchlichten Soldaten ver=
gönnt ſein, einem durch Pietät der Kameraden errichteten ein=
fachen Gedächtniszeichen einen nähern Ausdruck zu geben. Er
fuhr dann fort: ‚Die mit Erlaubnis der Familie hier dem
Grabkreuz beigefügte Tafel iſt einfach und anſpruchslos, wie
der Verewigte es war, aber das Erz, aus dem ſie geformt,
entſpricht ſeiner Gediegenheit. Was der Dahingeſchiedene Vielen
war, lebt fort in dem Herzen jedes Einzelnen, dem er in
wohlwollender Güte genaht; was er im Dienſte ſeines Königs
und Herrn geleiſtet, was er namentlich im engern Bereich
ſeiner Waffe, der er mit Feuereifer, von ſeltner Begeiſterung
getragen, ſein ganzes Leben widmete, gewirkt hat, das füllt
ein Blatt in der Geſchichte der Artillerie, weit hinausreichend
über die Grenzen des Vaterlandes, es findet ſeinen Widerhall
im Donner der gezogenen Geſchütze; was er endlich in wohl=
thuender Milde im Stillen gethan hat, um ſo manche Thräne
erleichternd zu trocknen, das — wir hoffen es gläubig — iſt
dem Geleitpaß eingetragen, der ihn in die ewige Heimat ge=
leitet hat! Und ſo möge denn der Segen Gottes ferner über
dieſer Grabſtätte walten und ſeine Aſche in Frieden ruhen‘.
Nach dem Schluſſe dieſer Worte intonierte das Trompetercorps den Choral: ‚Wie ſie ſo ſanft ruhn‘, und ein ſtilles Gebet
beſchloß die einfach=würdige, allen Teilnehmern aber gewiß
unvergeßliche Feier.“

In der „Voſſiſchen Zeitung“ vom 28. Juni 1860 widmeten
die Offiziere der 2. Inſpektion ihrem dahingeſchiedenen Chef
folgenden Nachruf:

„Am 26. Juni c. morgens um 9 Uhr endete zu Berlin
ein Herzſchlag die längeren Leiden unſeres hochverehrten In=
ſpecteurs, des Königlichen Generalleutnants, Präſes der Ar=
tillerie=Prüfungskommiſſion und der Prüfungskommiſſion für
Premierleutnants der Artillerie, Ritter des Roten·Adler-

ordens 2. Klaſſe mit dem Stern, des Kaiſerlich Ruſſiſchen
St. Annen-Ordens 1. Klaſſe ꝛc. Herrn Auguſt Encke.

Was der Verblichene während einer Dienſtzeit, die faſt
ein halbes Jahrhundert erreichte, in den mannigfaltig wechſeln=
den Stellungen ſeines Berufes für die Waffe, der er mit
ſeltener Hingebung angehörte, fort und fort und bei Aufbietung
der letzten körperlichen Kräfte auch dann noch mit wahrhaft
jugendlicher Friſche leiſtete, wirkte und erſtrebte, als bereits
zu wiederholten Malen ernſte Mahnungen über die Grenzen
des irdiſchen Daſeins an ihn herantraten, das wird ihm inner=
halb der ganzen Artillerie unvergeſſen bleiben.

Wir aber, die wir ſeinem Befehle unmittelbar unter=
geben waren, verlieren in dem Dahingegangenen ein leuchten=
des Vorbild wahrer Pflichterfüllung und einen Vorgeſetzten,
der im Beſitze tiefen Wiſſens und außergewöhnlicher Eigen=
ſchaften des Geiſtes nicht allein überall belehrend und ratend
auftrat, ſondern auch einen ſolchen, der es ſeinen Untergebenen
gegenüber in ſeltenem Grade verſtand, die ſtrengen Forderungen
des Dienſtes mit den milden und gerechten Regungen des
eignen Herzens unausgeſetzt in Einklang zu bringen.

Sein Andenken unter uns bleibt ein geſegnetes!

Die Offiziercorps des Garde-Artillerie-Regiments,
des 3. und 4. Artillerie-Regiments und der Feuer=
werks-Abteilung."

Der General war unvermählt geblieben, wie ſeine ſämtlichen
Geſchwiſter mit Ausnahme ſeines Bruders Franz, des Aſtronomen,
der am 26. Auguſt 1865 ſtarb und in deſſen Nachkommen die
Familie fortlebt.

von Dieskau.

Ich habe beschlossen, das Andenken an den in den Feldzügen Meines in Gott ruhenden Ahnherrn, des großen Königs
Friedrichs II. Majestät, und besonders im Siebenjährigen Kriege
bewährten Generalleutnants v. Dieskau dadurch zu ehren und für
alle Zeiten in Meiner Armee lebendig zu erhalten, daß Ich dem
Schlesischen Fußartillerie-Regiment Nr. 6 den Namen Fußartillerie-Regiment v. Dieskau (Schlesisches) Nr. 6 verleihe.
Ich habe dem Regiment diese Auszeichnung zugedacht, weil es
aus der Provinz gebildet ist, um deren Erhaltung der General
v. Dieskau sich verdient gemacht hat, zugleich in der Absicht,
ihm eine Anerkennung seines bei allen Gelegenheiten bewiesenen
tapfern und vorwurfsfreien Verhaltens zu geben. Ich weiß,
daß das Regiment fortfahren wird, Mir und dem Vaterlande
mit gleicher Hingebung zu dienen.

Berlin, den 27. Januar 1889.

gez. Wilhelm R.

An
das Schlesische Fußartillerie-Regiment Nr. 6.

Die Dieskaus sind ein altes Geschlecht, dessen Mitglieder seit sechs Jahrhunderten in hohen Ehren gelebt und gewirkt haben. Als erster und ältester Vertreter der Familie wird urkundlich erwähnt ein Friedrich v. Dieskau, der 996 auf einem Turnier in Braunschweig gegenwärtig war. Der reiche Besitz, dessen sich die in der jetzigen Provinz Sachsen ansässige Familie während des 16. und 17. Jahrhunderts zu erfreuen hatte, schwand zum großen Teil unter den Verheerungen und Lasten des Dreißigjährigen Krieges.

Karl Wilhelm v. Dieskau wurde geboren auf dem der Familie gehörigen gleichnamigen Gute Dieskau bei Halle am 5. Februar 1701 als Sohn des Karl Vollrat v. Dieskau und dessen zweiter Ehegattin Johanne Eleonore, einer gebornen v. Körbener. Leider sind die Nachrichten aus seiner Jugendzeit überaus dürftige. Wir wissen nur, daß er Page beim Fürsten Leopold von Anhalt-Dessau war, dessen strenge militärische Zucht er auch an sich zu erfahren hatte. Manches in seinem Wesen erinnerte übrigens später an jenen alten, originellen Kriegsmann, von dem er sich unbewußt einzelne Züge angeeignet haben mag.

Am 2. Februar 1721 trat er, wahrscheinlich als Bombardier, bei der Artillerie ein, in welcher Truppe wir ihn beim Regierungsantritt Friedrichs des Großen als Stabskapitän finden. Als solcher hatte er bereits, nachdem er sich auf seinen Antrag zur Kaiserlichen Armee hatte kommandieren lassen, einen Feldzug gegen die Türken mitgemacht. In den beiden Schlesischen Kriegen focht er wieder in den Reihen der Armee Friedrichs des Großen und scheint sich sehr ausgezeichnet zu haben, denn er erfreute sich in hohem Maße der Gunst des Königs, der ihn in artilleristischen Fragen mehrfach zu Rate zog.

In den darauf folgenden Friedensjahren richtete er seine

Thätigkeit hauptsächlich auf Verbesserung des Geschützwesens, in- dem er Herabminderung des Gewichts der Kanonen und deren größere Beweglichkeit, namentlich der zwölfpfündigen Feldgeschütze, erstrebte.

Im Jahre 1752 fand auf dem Exerzierplatz bei Potsdam eine Belagerungsübung statt. Zu diesem Zwecke hatte der König daselbst ein provisorisches Festungswerk anlegen lassen, gegen das Dieskau als Major und Commandeur der Belagerungsartillerie zu operieren hatte. Auch diese Aufgabe scheint er zur größten Zufriedenheit des Königs gelöst zu haben, denn dieser verlieh ihm am Schluß der Übung den Orden pour le mérite, schenkte ihm auch eine goldne Tabatière.

Ein im Jahre 1754 in Gegenwart des Königs bei Potsdam angestellter Schießversuch mit neuen von Dieskau konstruierten Zwölfpfündern fiel so günstig aus, daß der König sofort 30 Stück von diesen leichteren Dieskauschen an Stelle der bisherigen weit schwerfälligeren gießen ließ.

Einen neuen Beweis seines Wohlwollens gab ihm der König dadurch, daß er ihm im Jahre 1754 zur Verbesserung seiner Einnahmen die Amtshauptmannschaft zu Barthen in Preußen, sowie eine Präbende beim Kapitelstift St. Petri und Pauli in der Neustadt Magdeburg verlieh.

Der König hatte eine so gute Meinung von Dieskaus Tüchtigkeit und Brauchbarkeit in dem Artilleriecorps, daß er ihn nach dem Tode des Generals v. Linger mit Übergehung einiger älteren Obersten an die Spitze der gesamten Artillerie stellte und ihm folgendes Patent darüber ausfertigte:

„Patent

Als Oberstleutnant und General-Inspecteur von allen König- lichen Zeughäusern, der ganzen École d'Artillerie und deren Oefonomie, sowohl allhier zu Berlin, als in allen übrigen Königlichen Festungen.

Für den Major von Dieskau,

Wir Friedrich von Gottes Gnaden König in Preußen, thun fund und fügen hiermit zu Wissen:

Daß Wir Allergnädigst resolvirt haben Unsern bisherigen
Major beim Feldartillerie-Regiment Karl Wilhelm v. Dieskau
zu Bezeugung Unserer gegen ihn hegenden Gnade, fürnämlich
aber in Erwägung seiner Uns und Unserm Königlichen Hause
um verschiedne Jahre her mit aller Treue und unermüdeter
Applikation geleisteten, nützlichen Diensten, auch seiner Uns
zur Genüge bekannten guten Qualitäten, erworbnen Kriegswissenschaften und bei vorgekommnen Gelegenheiten bezeigten
Tapferkeit zu Unserm Oberstlieutnant von der Artillerie und
zum General-Inspecteur von allen Unsern Zeughäusern in
allen und jeden Provinzen und von der ganzen École d'Artillerie und deren Oekonomie, sowohl allhier in Unsern Königlichen Residenzien, als in allen übrigen Festungen zu deklariren
und zu bestellen.

Wir thuen solches auch hiermit und Kraft dieses Patentes,
bestellen Ihn, Unsern nunmehrigen Oberstlieutnant von der
Artillerie, den von Dieskau, zu Unserem General-Inspecteur
über alle und jede Artillerie-Sachen, soviel davon auf Unsern
Zeughäusern vorhanden, nebst denen darin befindlichen Geschützen, Munitions und Beständen, desgleichen auch über die
Artillerie-Transportes, Gießung derer Geschütze und Alles,
was demselben sonst anhängig ist, dergestalt und also, daß
Uns und unserem Königlichen Hause Derselbe wie bisher, so
auch ferner getreu, hold und gegenwärtig sein, Unsern Nutzen
und Bestes, auch die Vermehrung des Ruhmes Unsrer Artillerie eußersten Fleißes suchen und befördern, Schaden aber
und Nachtheil, so viel an ihm ist, verhüten, warnen und ab-
wenden helfen, was ihm als Oberstlieutnant und General-
Inspecteur von der Artillerie zu thuen und zu verrichten ob-
liegt, Wir auch denselben von Zeit zu Zeit allergnädigst
kommittiren und anbefehlen werden, mit gehöriger Treue,
Dexterität und Fleiß, bei Tag und Nacht, nach seinem besten
Willen und Verstande, werkstäblich machen, Alles, was bei
Unsrer Artillerie, deren Zeughäusern, und allem demjenigen,
so damit Rapport hat, sorgfältig und nach Unsrer allergnä-

digſten Jntention anordnen und im Stande bringen; was
er zur Konſervation und Verbeſſerung Unſrer Artillerie und
deren dazu erforderlichen Nothwendigkeiten abzugeben vermag,
Uns Pflichtmäßig eröffnen, Unſre darauf ertheilende Reſolutions
und Ordres zur ſchleunigen Entſchaft bringen, auch bei allen
weiter vorfallenden Kriegsbegebenheiten, mittelſt willigſter und
ungeſcheuter Darſetzung Leib und Lebens, ſich dergeſtalt überall
verhalten und bezeugen ſoll, wie es einem treuen Diener und
tapfern Kriegserfahrnen Oberſtlieutnant und General-Jnſpecteur
von der Artillerie eignet und gebühret, deſſelben Eidespflichten
es erfordern und Unſer allergnädigſtes Vertrauen deßfalls zu
ihm gerichtet iſt.

Dahingegen und vor ſolche Uns leiſtende treu aller unter-
thänigſte Dienſte wollen Wir Unſern Oberſtlieutnant und
General-Jnſpecteur von der Artillerie, dem von Dieskau, bei
dieſer ſeiner Charge und dem ihm konferirten Kommando über
Unſere ſämmtliche Artillerie, auch alle ihm daher zuſtehenden
Prärogativen und Gerechtſamen, nichts davon ausgeſchloſſen,
zu allerzeit allergnädigſt ſchützen und mainteniren, und an
denſelben ſowohl den Rendanten der Haupt-Artilleriecaſſe,
als die Salpeter-Kommiſſion, Stückgießers, Pulvermüllers
und Artillerie-Unterſtabsbediente verweiſen laſſen, dergeſtalt
unter ſeiner Subordination zu ſtehen, als ſolche vorhin und
bisher unter dem Weiland verſtorbnen General der Artillerie
von Linger geſtanden haben. Wie er denn auch die gewöhnlichen Douceur-Gelder von denen vier Artillerie-Garniſons-
Compagnien zu Magdeburg, Weſel, Pillau und Stettin,
ſo wie ſolche der von Linger gezogen, ins künftige genießen
und im Uebrigen bei ſich ereignenden Vakanzien ſämmtliche
Artillerie-Offiziers in Vorſchlag bringen. Des zu Urkund
haben Wir dieſes Patent eigenhändig unterſchrieben und mit
Unſerm Gnadenſiegel bedrucken laſſen.

So geſchehen und gegeben.
Berlin, den 20. April 1755.

gez. Friedrich."

Während des Siebenjährigen Krieges leitete Dieskau, der sich fast immer im Hauptquartier des Königs befand, die Thätigkeit der Artillerie. Dieselbe hatte damals freilich nicht im Entferntesten die Bedeutung, welche sie heute erworben hat. Das läßt sich schon aus der Spärlichkeit erkennen, mit der diese Waffe selbst in ausführlichen Schlachtberichten erwähnt wird. Ein Artilleriekampf von der Größe und Bedeutung, wie wir ihn z. B. in der Schlacht bei Gravelotte finden, war damals noch gar nicht denkbar. Dennoch hat auch in einzelnen Schlachten des Siebenjährigen Krieges die Artillerie kräftig mitgewirkt und das Ihre zur Erringung des Sieges beigetragen.

Gleich nach der Einnahme von Dresden übergab der gefangene Oberst Schmidt dem Oberstleutnant v. Dieskau die daselbst vorgefundnen ansehnlichen Bestände an Geschützen, Geschossen und Pulver. 138 Kanonen gingen sofort nach Magdeburg, 3268 Gewehre nach Torgau ab.

Über die Leistung der Artillerie in der ersten Schlacht des Siebenjährigen Krieges, bei Lowositz, erfahren wir etwas aus einem Brief des Königs an Schwerin. Es heißt darin: „Die Österreicher besitzen mehr Kriegslist als vor diesem, und glaubet mir sicher auf Mein Wort, daß, wenn man ihnen nicht viele Kanonen entgegenstellte, es eine unglaubliche Menge Leute kosten würde, um sie zu schlagen. Moller von der Artillerie hat Wunder gethan und hat Mich auf eine erstaunende Art sekondiert."

Die nächste wichtige Folge dieses Sieges war die Gefangennahme der Sachsen am 16. Oktober. Das Positionsgeschütz war von ihnen vernagelt worden, so daß nur 49 Kanonen in preußische Hände fielen. Als es sich nun um Vermehrung der Artillerie und auch um Mobilisierung der sächsischen Mannschaften handelte, bewilligte der König einen von Dieskau beantragten Vorschuß von 10 000 Thalern. Nach und nach kam jedoch der König von dieser generösen Ausstattung seines Artillerie-Inspecteurs zurück, so daß von Vorschüssen nur selten die Rede war.

Für den Feldzug 1757 traf Dieskau, was die Artillerie betraf, umfassende Vorbereitungen, stieß freilich beim König nicht selten auf Widerspruch. So bittet am 3. Januar 1757 Dieskau um Bewilligung von 150 Artillerieknechten aus den Königlichen Landen, denn, „wenn er sich auch durch sächsische Knechte zu helfen gesucht, so könne er nicht soviel einstellen, wie ihm davon wieder wegliefen". Der König entgegnete eigenhändig: „Die Knechte müssen in Sachsen sofort angenommen werden, er kann sich gar nicht helfen; die in den Lazarethen liegen, müssen wohl in Acht genommen werden, die weggelaufen sind, müssen die Landräthe wieder herbeischaffen."

Am 8. März reichte Dieskau über 56 zum Teil kleine, zum Teil unkalibermäßige, in Torgau befindliche Stücke ein Verzeichnis ein mit der Anfrage, ob er solche zum Umgießen nach Berlin schicken dürfe. Die in verdrießlichem Ton gehaltene Resolution des Königs lautete: „Ich gebe Euch in Antwort, daß Ihr diese Anfrage gar füglich hättet menagiren und Mich deshalb nicht wieder behelligen sollen, da Ich selbst Euch schon mündlich gesagt und befohlen habe, daß Alles, was Ihr in dem Sächsischen Arsenal an kleinen und andern metallnen Kanonen und Mortieren, auch zur Defension nicht gebrauchenden metallnen Geschützen findet, Ihr nach Berlin schicken lassen sollet, auf daß, wann ich Kanonen gießen lassen will, das Metall dazu schon vorhanden sei. Wobei es also sein Bewenden hat. Dresden, 10. März 1857."

Inwieweit die Artillerie in der Schlacht bei Prag (6. Mai 1757) beteiligt war, ist im einzelnen schwer zu ermitteln. 20 zwölfpfündige Kanonen und mehrere Haubitzen sollten bei dem linken Flügel der Infanterie bleiben, um deren Angriff zu unterstützen; das Defilieren mit der Infanterie in grundlosen Wegen erschwerte indessen anfangs das Vorgehen, so daß dieselbe allein den Angriff begann; hierdurch verloren die preußischen Attacken gegen die in Position sie erwartenden Gegner sehr an Bedeutung und Wirksamkeit. Dagegen kam die Artillerie des rechten Flügels auf der erstürmten Höhe in einer zweckmäßigen, den Feind flankierenden Stellung sehr zur Geltung. Bei der Belagerung von Prag kommandierte Dieskau die Artillerie des Corps, das der König selbst führte.

Auch in den Berichten über die Schlacht bei Kollin am 18. Juni finden sich keine Angaben über die Stärke der Artillerie, so daß man sich mit der allgemein bekannten Anzahl der Regimentskanonen begnügen muß.

Beim Abmarsch des Königs nach der Saale war der General-Inspecteur v. Dieskau bei der Hauptarmee unter dem Herzog von Bevern belassen worden. Moller dagegen begleitete die Artillerie des kleineren Königlichen Corps. Letztere hat bei Roßbach am 5. November die feindliche Kavallerie vom Janus-hügel aus auf kaum tausend Schritte überraschend in der Flanke beschossen und fortgewirkt, bis Seydlitz einhieb.

Zwischen den beiden siegreichen Schlachten von Roßbach und Leuthen fällt am 22. November die für die Preußen unglückliche Schlacht von Breslau, in der die Armee des Herzogs von Bevern geschlagen wurde. Auch hier schweigen wieder alle Berichte über die Stärke der Artillerie.

Bei Leuthen kam die Artillerie in größerem Maße als bisher zur Geltung und beteiligte sich sogar an der Verfolgung.

In der Morgenfrühe dieses Schlachttages marschierte die preußische Armee auf der großen Straße Neumarkt—Lissa—Breslau in vier Kolonnen, die beiden äußern aus Kavallerie, die mittleren aus Infanterie bestehend; den letzteren folgte, in zwei Brigaden abgeteilt, die schwere Artillerie. Auch bei der sehr verstärkten Avantgarde befand sich Artillerie; sie bestand aus 10 Stück schweren, eisernen Zwölfpfündern, die von den Wällen Glogaus mitgenommen und mit den größten Anstrengungen auf schlechten Wegen bis hierher geschafft worden waren. Nachdem der König mit scharfem Feldherrnblick die Stellung des Feindes gemustert hatte, traf er seine meisterhaften Dispositionen und entschied sich für einen Angriff in schräger Schlachtordnung. Derselbe geschah in drei Treffen, die staffelweise vom rechten Flügel abmarschierten. Das erste Treffen befehligte der General der Infanterie Fürst Moritz von Dessau. Dasselbe glich einer breiten Heerestreppe, jede Stufe ein Bataillon, jedes mit 50 Schritt Abstand vom nächsten, so daß der Gesamtabstand vom vordersten bis zum letzten Bataillon ungefähr tausend Schritte betrug; die schweren Geschütze — mit Ausnahme der zehn Glogauer Zwölfpfünder, die sich bei der Avantgarde befanden —, in vier Batterien mit je 900 Schritt Abstand von einander auf die verschiednen Stufen verteilt, gleichsam die eisernen Pfosten des Treppengeländers bildend, nämlich eine Batterie von 15 Kanonen und 2 Haubitzen beim rechten Flügel der Infanterie, eine zweite und dritte Batterie, jede von 12 Kanonen und 2 Haubitzen, beim Zentrum des ersten Infanterietreffens und endlich eine vierte von 14 Kanonen und 2 Haubitzen beim linken Flügel der Infanterie. Bald kam die Avantgarde ins Gefecht, und zu ihren glücklichen Erfolgen trugen sehr viel die zehn Glogauer Zwölfpfünder bei, deren dumpfes Dröhnen von dem Gekrache der Feldstücke deutlich zu unterscheiden war. — Im Verlauf der Schlacht kam jener ernste historische Moment, von dem Scherenberg singt:

Beide thun Wunder, und die Schlacht, sie steht;
Und eine halbe Stunde Dezemberlicht vergeht.

Ernst und einsilbig wandte sich der König aufhorchend an seine Umgebung mit der Frage: „Brummen sie noch?" Und mit Donnerstimme fielen von drüben, von der Höhe westlich Leuthen her, wiederum die Glogauer Zwölfpfünder, von diesem Tage an in der Armee „die Brummer" genannt, ein, als wollten sie selber die Antwort auf des Königs Frage geben.

Ein furchtbares Artilleriefeuer, wie es in den Schlachten des Siebenjährigen Krieges selten gehört worden ist, füllte diese lange, erwartungsvolle Stunde aus. Bekanntlich hat der schneidige Reitergeneral Driesen durch seinen Kavallerie-Angriff wesentlich zum Siege beigetragen; aber auch die Artillerie ist bei Leuthen mehr als sonst zur Geltung gekommen.

Zwei Tage nach der Schlacht bei Leuthen wurde Breslau eingeschlossen, und das für die Belagerung fehlende Material aus Brieg und Neiße entnommen, Dieskau aber mit dem Kommando der Artillerie beauftragt. Am 21. Dezember kapitulierte Breslau. Hier nahm denn auch der König in diesem Winter das Hauptquartier, und Dieskau, der inzwischen zum Oberst befördert worden war, leitete nach seinem Befehl, was die Artillerie betraf, von dort aus die Vorbereitungen zu dem bevorstehenden Feldzug.

Schon mit dem Ausgang des Jahres hatte Dieskau dem König die Notwendigkeit vorgestellt, der Artilleriekasse zur Reparierung des Artillerie-Trains die Summe von 20000 Thalern vorschießen zu lassen. Hierauf war Dieskau beschieden worden: „Ich finde aber die geforderte Summe zu solcher Reparation sehr stark und verlange vorher von Euch eine nähere Nachweisung deshalb, zumalen da Ihr ja so viele österreichische Artillerie-Wagens bekommen, die Ihr alle emplohiren könnt. Breslau, den 3. Januar 1758."

Als Dieskau nochmals in dieser Sache vorstellig wurde, bewilligte der König 10000 Thaler, also die Hälfte des Geforderten.

Von großem Interesse ist Dieskaus Bericht vom 13. Januar an den König „über den eigentlichen Zustand der Artillerie und was dabei notwendig zu verändern und zu beschaffen sei".

Der König entschied darauf folgendermaßen:

„Mein lieber u. s. w. Nachdem Ich den Inhalt Eures unter dem 13. d. M. Mir erstatteten Berichtes und beigefügten Planes wegen des zur künftigen Campagne bei der hiesigen Armee erforderlichen Artillerie-Trains mit Mehrerem ersehen habe, so ist Euch darauf zur Resolution, daß, soviel die benötigten 2968 Pferde zum Artillerie-Train anbetrifft, Ich bereits gestern die Ordre an den General-Feldmarschall von Lehwald ergehen lassen, daß derselbe solche seines Ortes ausschreiben und zusammenbringen, auch darauf solche an Euch abliefern lassen soll.

Anlangend die bei solchem Train fehlenden 1035 Knechte, da habe Ich nach Anzeige der abschriftlichen Anlage dem

General=Directorio zu Berlin befohlen, solche in den Pro=
vinzen, die dergleichen sonsten liefern müssen, und davon vor
der Hand disponirt werden kann, sogleich zusammenbringen
und an Euch sodann abliefern zu lassen.

Was die 533 Mann, so zur Bedienung des von Euch
angesetzten Feld=Geschützes an Artilleristen noch erfordert wer=
den, anbetrifft, so habe ich zuvörderst an den Etat=Minister
von Schlabrendorff die Ordre gestellt, daß derselbe dazu
133 Mann, und zwar aus den schlesischen Gebirgsgegenden,
an sichern und durchgehends evangelischen Leuten
zusammenbringen und an Euch abliefern lassen soll; die als=
dann noch fehlenden 400 Mann aber muß die Artillerie aus
ihren habenden Enrollirungs=Kantonen sich selbst zusammen=
schaffen.

Außerdem dienet Euch noch zur Nachricht, wie daß Ich
auch gedachten General=Feldmarschall Lehwald befohlen habe,
daß er alles, was von guten Artilleristen sich
unter den bisher gemachten schwedischen Kriegs=
gefangnen befindet, an Euch hierher schicken soll, welche Ich
in Meinen Dienst nehmen will und die Ihr also noch über die
vorgedachte Anzahl der 533 Mann obenein bekommen werdet.

Breslau, den 15. Januar 1758.

Friedrich."

Am 9. März erfolgte an Dieskau der Königliche Befehl, in
acht Tagen marschfertig zu sein. Die Artillerie hatte sich aber
keineswegs schon völlig erholt, so daß Dieskau sich genötigt sah,
zu remonstrieren, daß die Munitionswagen noch nicht völlig
zum Marsche fertig wären, weil es an den erforderlichen Hand=
werkern gefehlt habe, auch habe er in Breslau nur erst 50 Pferde,
obgleich inkl. Pontonpferde 3172 Stück erforderlich wären; gleich=
zeitig klagt er über die rücksichtslose Wirtschaft mit den In=
fanterie=Patronen, indem manches Regiment bis an
70 000 Stück zur Komplettierung verlangte; er bittet, der König
möchte die Gnade haben, diesem Unfug zu steuern; auch fehlten
der Artillerie noch 289 Rekruten, wovon 130 Mann und zwar

am 2. März von Berlin abgegangen, ohne daß er (Dieskau) jedoch wisse, wie weit sie gekommen seien; in Breslau lägen auch 142 franke Kanoniere, und in Striegau, Reichenbach und Landshut werde diese Zahl nicht geringer sein.

Auf dieses Klagelied erwiderte der König:

„Mein lieber u. s. w. Auf Eure Vorstellung vom 10. d. gebe Ich Euch hierdurch in Antwort, daß Ich Euch nicht helfen kann und Ihr alles thun und machen müßt, wie Ich es Euch befohlen habe. Was auch dasjenige angehet, so Ihr wegen der Patronen anführet, welche die Regimenter des Abgangs halber fordern, da könnt Ihr leicht von selbst erachten, wie es im Kriege nicht angeht, darunter Menage zu machen.

Breslau, den 12. März 1758."

In einem Schreiben an den Fürsten Moritz fällt der König zu dieser Zeit folgendes Urteil: „Dieskau macht mich viel Verdruß, es ist ein Erzdröhmer."

Im Monat April begann bei der Armee des Königs die Belagerung von Schweidnitz, welche Festung schon seit Dezember blokiert worden war. Der General Treskow kommandierte mit 9728 Mann die Belagerung; Balbi das Ingenieurcorps, Dieskau die Artillerie. Ihm standen 107 Geschütze zur Verfügung. Auch bei dieser Gelegenheit läuft die Korrespondenz zwischen Dieskau und dem König darauf hinaus, daß ersterer allerlei Forderungen stellte, um die Artillerie zu komplettieren und das nötige Pulver zu bekommen, letzterer aber stets Einwendungen machte und auf allerlei schwer zu erlangende Hilfsmittel verwies. Am 17. April kapitulierte die Festung.

Am 6. Mai standen die preußischen Vortruppen bereits vor Olmütz. Die Herbeischaffung des Belagerungscorps verzögerte sich jedoch noch bis zum 20. Mai. Der Feldmarschall Keith kommandierte die Belagerung, unter ihm wiederum Balbi die Ingenieure und Dieskau die Artillerie. Seines Materials aber war er keineswegs sicher, wie nachstehende merkwürdige Anordnung des Königs beweist:

„Mein lieber Oberst von Dieskau. Ich habe dem Feld=
marschall Keith befohlen, daß er mir alle Kanonen, die eigent=
lich zur Feldartillerie gehören, hierher schicken soll, zumal er
solche dort ohnedies nicht gebrauchen kann.

Da Ihr nun wißt, daß Ich alle Artilleristen
zur Belagerung gelassen habe, so befehle und in=
struire Ich Euch hierdurch dahin, daß, wenn es zur Bataille
kommen wird, Ich alsdann die mehrsten Artilleristen, auch
Offiziere, zur Feldartillerie und zur Bataille gebrauche und
also solche holen lassen werde; weil dieses aber als=
dann geschwinde gehen muß: so sollet Ihr die Artillerie=
Offiziers sowohl, als die sämtlichen nötigen Artilleristen auf
die Artillerie=Pferde setzen und mit solchen gleich hierher
kommen, auf welche Art Ihr mit denselben in Zeit von einer
Stunde hier sein könnet. Ihr habt Euch wohl danach zu
achten.

Hauptquartier Prosnitz, den 23. Mai 1758."

Obwohl die Belagerungsarmee, besonders die Artillerie, die
größten Anstrengungen machte, hielt sich dennoch die Festung.

Am 25. schrieb der König eigenhändig an Keith:

„Gestern gegen 5 Uhr haben wir ein fürchterliches Ka=
nonenfeuer von Olmütz her gehört, und wir haben alle ge=
glaubt, der Feind beabsichtige einen Ausfall; da aber gar
kein Rapport darüber angekommen, so bilde Ich Mir ein:
Dieskau hat sich auf Rechnung der Olmützer
Festungswerke divertiren wollen."

Nachdem eine für die Belagerer bestimmte und von Zieten
geführte Zufuhr bei Domstädl zum größten Teil in die Hände
des Feindes gefallen war, hob der König anfangs Juli die Be=
lagerung von Olmütz auf. — Gegen die Festung waren im
Laufe der Belagerung abgegeben worden:

103 533 Kanonenschüsse,
25 624 Bomben= und Haubitz=Würfe,
700 Steinwürfe.

Inwieweit in der Schlacht bei Zorndorf am 25. August

Dieskau perſönlich beteiligt war, iſt nicht feſtzuſtellen. Was die Artillerie betrifft, ſo hatte der König dem gegen die Ruſſen kommandierenden General Grafen Dohna bereits unterm 20. Juli geſchrieben:

„Ich rekommandire Euch, daß Ihr die Ruſſen nur mit einem Flügel attaquiret und den andern refuſirt, dabei auch ordentlich Batterien von ſchwerem Kaliber macht; da müſſet Ihr von aller Eurer ſchweren Artillerie eine Batterie von 30 oder 40 Kanonen auffahren laſſen, auch von den Regimentern Leute mit dabei= geben, die im Fall der Not ſelbige geſchwinde fortbringen, wenn mit ſolchen avancirt wird.“

In der Schlacht hatten die Ruſſen den größten Teil ihrer Artillerie auf dem rechten Flügel, verfehlten aber vielfach ihr Ziel, wogegen in allen Berichten der preußiſchen Artillerie un= geteiltes Lob geſpendet wird.

Auch bei Hochkirch befand ſich Dieskau in der Nacht vom 13. zum 14. Oktober. Der Artillerie gebührt bei dieſem Über= fall der Ruhm, nach dem mörderiſchen Nachtkampf die Samm= lung und den geordneten Rückzug der preußiſchen Truppen er= möglicht zu haben. 101 Geſchütze gingen jedoch an die Öſter= reicher verloren.

Im November befahl der König dem Oberſten v. Dieskau, in Berlin 100 Stück zwölfpfündige Kanonen, und zwar nach der öſterreichiſchen Art, ebenſo zu Breslau 20 bis 30 Stück gießen zu laſſen.

Dabei war es Dieskaus Beſtreben, leichtere und beweglichere Geſchütze herzuſtellen; es heißt in einem ſeiner Berichte: „Ich laſſe auch die neuen Kanonen zwei Kugeln länger gießen und getraue mir damit faſt ebenſo weit zu ſchießen, als mit den ganz ſchweren Kanonen, bei welchen letzteren man in der Ba= taille immer Gefahr läuft, daß ſie wegen ihrer Schwere an dem Orte, wo ſie einmal ſind, ſtehen bleiben müſſen.“

Für den bevorſtehenden Feldzug traf der König auch für die Artillerie fürſorgliche Anordnungen. Er erließ im Januar

1759 an Dieskau eine Ordre zu einer neuen Bestellung von Geschützen, einer sogenannten Reserve-Artillerie.

Aber auch bei der Zurüstung zu diesem Feldzug gab es Differenzen mit dem König, sobald Dieskau Gelder verlangte. Als letzterer zur Beschaffung von fehlendem Schanzzeug und von 19000 sechspfündigen Kugeln noch um eine Summe von 6468 Thalern bat, schrieb der König am 28. März 1759: „Nachdem Ich den Inhalt Eures Berichtes vom 27. mit Mehrerem ersehen habe, so gebe Ich Euch darauf in Antwort: daß es übel ist, wenn Ihr jetzt erst mit dergleichen Sachen kommt, nachdem Ich alle Meine Disposi= tions schon gemacht habe, und nicht einen Tag in den andern 10000 Thlr. und dergleichen auszahlen kann" u. s. w.

Auch der Schlacht von Kunersdorf am 12. August 1759 wohnte Dieskau bei. Die preußische Artillerie belief sich in dieser Schlacht auf 213, die Russen verfügten über 300 mit großer Kaltblütigkeit bediente Geschütze.

Im Januar 1760 hatte Dieskau sein Quartier in Kobach, vom Februar bis zum April in Wilsdruf, der Artillerietrain befand sich in Seligstadt, und es wurde in diesen Winter= und Retablissements=Quartieren fleißig gearbeitet, um die entsetzlichen Verluste, welche die Armee während des Feldzuges 1759 erlitten hatte, bei der gewissen Aussicht auf erneute Kämpfe einiger= maßen vergessen zu machen.

In den während dieser Zeit an Dieskau gerichteten Ordres zeigt sich der König den gestellten Forderungen gegenüber zu= gänglicher. Nur in Betreff der Haltung und Abwartung der Pferde ergab sich eine Differenz. In einem Schreiben des Königs kam folgender Passus vor: „Ihr habt also dahin zu sehen, daß diese Ablieferung (der Pferde) richtig und an tüchtigen Pferden zu gesetzter Zeit geschehe, hiernächst aber auch mit den sämtlichen Artilleriepferden eine bessere und redlichere Ordnung als bisher getrieben, solche nicht wie bisher hie und da gegen schlechte Pferde ausgetauschet und bei deren Wartung sowohl als auch wegen Ordnung und Konservation der Knechte eine pflichtmäßigere und beſſere Ordnung, wie bisher nicht geſchehen, gehalten werden müſſe."

Wie gekränkt Dieskau ſich durch dieſe Vorwürfe fühlte, er=giebt ſich aus ſeiner Antwort an den König:

„Ew. Königl. Majeſtät mir unterm 5. d. erteilte Reſo=lution wegen beſſerer Verpflegung und Wirtſchaft mit den Artilleriepferden zeiget nur allzu deutlich von der Allerhöchſt deroſelben auf mich geworfenen Ungnade, als daß ich daran zweifeln ſollte. Mein einziges Beſtreben iſt von meiner Jugend an dahingegangen, durch treue und redliche Dienſte mich deroſelben Gnade nur immer würdiger zu machen. Ich muß aber mit dem innerſten Chagrin erfahren, daß Ew. König=liche Majeſtät meiner lang geleiſteten allerunterthänigſt treuen Dienſte ohngeachtet dennoch an meiner Redlichkeit zweifeln und glauben, daß ich für die Artilleriepferde nicht die ge=hörige Sorge trüge, ja daß ſogar mit denſelben eine unver=antwortliche Wirtſchaft getrieben werde. Ew. Königlichen Majeſtät kann ich aber auf meine Ehre und Pflicht aller=unterthänigſt verſichern, daß mir nicht das Geringſte von vorgegangener Defraudation bekannt, meinerſeits hat es auch ſo wenig an Erinnerungen als Ermahnungen an die Pflicht der zur Aufſicht beſtellten Offiziere geſehlet, und es haben auch die Pferde allemal meines Wiſſens die ihnen gereichte Fourage richtig erhalten; ich weiß mir alſo wegen des ſtarken Abgangs der Pferde keine Vorwürfe zu machen, ſondern ich finde mich darin ſo rein, daß ich mich allemal der ſchärfſten Unter=ſuchung unterwerfen kann." (Wilsdruf, den 6. April 1760.)

Ein beſonderes Verdienſt erwarb ſich Dieskau in dieſer Zeit um die Aufbeſſerung der materiellen Lage der Artillerie=Offiziere. Während der König nämlich bisher an alle Offiziere Douceur=gelder hatte auszahlen laſſen, waren die von der Artillerie leer ausgegangen. Dieskau bat auch für ſie um dieſe Zuwendung, und der König bewilligte ſein Geſuch.

Auch an der Belagerung von Dresden vom 15. bis 27. Juli

1760 nahm Dieskau teil. Der König hatte dabei über etwa
100 Geschütze zur Verfügung, aber nach einem vorliegenden
Berichte Dieskaus fehlte das nötige schwere Belagerungsgeschütz,
und es ist möglich, daß hieran die Unternehmung scheiterte. Der
König war mit der ganzen Führung unzufrieden und äußerte
sich: „Wäre ich besser bedient worden, so hätte ich Dresden ein=
genommen; es war aber unter den Offizieren, Ingenieuren und
Artilleristen gleichsam ein Wettstreit, wer die meisten Fehler
machen würde."

Ein neuer Hoffnungsstrahl war der Sieg bei Liegnitz am
15. August 1760. Der König erzielte seine Erfolge durch Über=
raschung und durch die Geschicklichkeit, mit der die Truppen
sich schnell entwickelten; häufig kamen die zwölfpfündigen Bat=
terien zum wirksamen Kartätschenfeuer. Als Laudon in einem
Moment, da ihm der preußische linke Flügel bloßgegeben und
ohne Unterstützung erschien, seine Kavallerie aus ihrer gedeckten
Aufstellung gegen diesen Flügel vorgehen ließ, trieb die Artillerie
20 Escadrons über das Wasser mit Kartätschen zurück. Auch
in dieser Schlacht war Dieskau zugegen. — Ebenso bei Torgau
am 3. November desselben Jahres. Die schweren Verluste,
welche die Artillerie in dieser Schlacht erlitt, sind ein Beweis
dafür, wie schwer sie in den Kampf verwickelt war. In der
Instruktion, die der König für diese Schlacht gab, finden wir
auch Dieskau genannt; es heißt da: „Die Obersten v. Dieskau
und Möller müssen Wurfgeschütze und Kanonen auffahren lassen,
die Attacke zu erleichtern."

Durch das glückliche und glänzende Gefecht bei Burkersdorf
hatte Friedrich freie Hand gegen Schweidnitz gewonnen und
traf unverzüglich alle Anstalten zur Belagerung dieses Platzes.
Seine Armee lagerte in weitem Bogen etwa zwei Meilen süd=
westlich von Schweidnitz; das Hauptquartier des Königs, in dem
sich auch der junge Prinz von Preußen, der nachmalige König
Friedrich Wilhelm II. befand, war in Dittmannsdorf. General
v. Tauenzien wurde aus Breslau berufen, um die Führung des
Belagerungscorps zu übernehmen, welches aus 24 Bataillonen

Infanterie und einigen Kavallerie=Regimentern nebst zahlreichem
Geschütz bestand. Das schwere Belagerungsgeschütz wurde aus
Neiße herbeigeschafft. Major v. le Fevre leitete die Ingenieur=
Arbeiten, Oberst v. Dieskau den artilleristischen Angriff.
Auf die preußische Aufforderung zur Übergabe der Festung
gab der Kommandant, General Guasco, die Antwort, er werde
suchen, den Ruhm der österreichischen Waffen zu behaupten und
sich die Achtung Sr. Majestät des Königs zu erwerben. Am
7. August ward darauf die erste Parallele gegen die Festung
eröffnet. Dieskau bestimmte selbst diejenigen Punkte in der
Parallele, wo Batterien angelegt werden könnten. Die von ihm
dabei gegebenen Dispositionen waren sehr zweckmäßig getroffen,
so daß eine Nacht hinreichte, um die Batterien fertigzustellen
und zu armieren. Schon am 9. August begann das Feuer.
Durch die Geschosse wurden in der Stadt viele Häuser zerstört,
auch das Festungs=Magazin brannte nieder. In den folgenden
Nächten wurden immer neue Batterien gebaut; mehrere Aus=
fallversuche scheiterten. Nachdem in der Nacht vom 22. zum
23. August die dritte Parallele fertiggestellt worden war, konnte
in den Minenkrieg eingetreten werden. Zuweilen begegneten sich
die beiderseitigen Mineure unter der Erde und suchten einander
durch Stank= oder Stickkugeln, welche in dem geschlossenen unter=
irdischen Raume Rauch und ekelhafte Dünste verbreiteten, zu
vertreiben, oder sie gingen mit der Pistole und der blanken
Waffe einander zu Leibe. Am 7. September schlug die Artillerie
einen Ausfall mit Kartätschen zurück. Mehrmals erschien der
König persönlich zu Pferde bei den Batterien und nahm die
Belagerungsarbeiten in Augenschein. Der berühmte Schlachten=
maler Hünten in Düsseldorf hat Friedrich den Großen in dieser
Thätigkeit dargestellt; das Bild, das sich im Privatbesitz befindet,
zeigt den König zu Pferde in Begleitung des Obersten v. Dieskau.
Leider ist die Lithographie des Bildes vergriffen, nur ein Exem=
plar ist noch durch einen glücklichen Zufall in den Besitz des
Offiziercorps des Regiments v. Dieskau gekommen. — Eines
Tages verweilte der König wieder zu Pferde in den Laufgräben,

wie gewöhnlich auf alles achtsam, nur nicht auf die feindlichen
Kugeln, die aus den Geschützen der Forts über seinen Kopf
hinwegflogen. Plötzlich wurde das Pferd seines in der Nähe
haltenden Pagen v. Pirch von einer Granate zu Boden ge=
worfen und getötet. Der junge Mensch wand sich unter dem
Rosse hervor und suchte dann erschrocken von der gefährdeten
Stelle zu entfliehen. Der König blickte kaltblütig und ernst auf
sein Gebaren; dann, seinen Krückstock erhebend, rief er mit
scharfem Ton: „Page v. Pirch, vergeß Er seinen Sattel nicht!",
worauf dieser sofort umkehrte, mitten im feindlichen Feuer den
Sattel vom toten Pferde abschnallte und ruhig unter das Ge=
folge des Königs zurücktrat.

Endlich kam der Zufall den Belagerern zu Hilfe: Eine
preußische Granate schlug in das Pulvermagazin eines Forts
und sprengte eine ganze Bastion mit zwei Compagnien, welche
die Besatzung bildeten, in die Luft. Dadurch war der Zugang
zum Angriff erleichtert. Es wurden Anstalten zum Sturm ge=
troffen. Guasco wartete denselben jedoch nicht ab, sondern er=
gab sich am folgenden Morgen, am 9. Oktober. Die Besatzung,
noch gegen 9000 Mann stark, wurde kriegsgefangen. Viele
Vorräte fielen mit der Festung in die Hände der Preußen. Die
Belagerung hatte dem König 3033 Mann gekostet, wovon auf
die Artillerie an Toten und Verwundeten 21 Offiziere, 46 Unter=
offiziere und Bombardiere und 208 Kanoniere entfielen.

Den Obersten v. Dieskau ernannte der König bei Über=
reichung des Rapports der eroberten Geschütze als Anerkennung
seiner großen Verdienste um den Fall der Festung zum General=
major.

Nach Abschluß des Friedens widmete sich General v. Dieskau
mit ungeschwächter Kraft der Förderung des Artilleriewesens.
Noch im Jahre des Friedensschlusses ernannte ihn der König
zum Generalleutnant und verlieh ihm 1768 den hohen Orden
vom Schwarzen Adler.

Bei den dürftigen Nachrichten, die sich über die Person
Dieskaus vorfinden, mag hier eine Schilderung folgen, welche

die militärische Zeitschrift „Mars" ihren Lesern im Jahre 1805 gebracht und die in der Biographie Dieskaus vom Oberstleutnant Meier Aufnahme gefunden hat:

„Der General von Dieskau war ein origineller Mann und ein dem Staate ergebener redlicher Diener. Der König selbst besuchte sein Krankenbett. Er liebte die Blumen und pflegte sie mit Sorgfalt. So überraschte einst Friedrich den alten Soldaten, der seinen Rock ausgezogen und die Perrücke auf eine Harke gehängt hatte. Er entschuldigte sich bei dem Monarchen mit seinem gewöhnlichen Sprichwort: „Ziter und die Schwierinot! Ew. Majestät, ich will mich gleich in Uniform setzen." ‚Laßt nur', antwortete ihm der König, ‚als Gärtner seid Ihr gut gekleidet, und als General habe Ich Euch oft genug gesehen'. Bei der Belagerung von Schweid= nitz, wo er die Artillerie dirigierte, kam einst der König, un= willig über die hartnäckige Verteidigung des Feindes, auf eine Batterie, in der sich auch Dieskau befand. Im Weg= gehen sagte Friedrich: ‚Hör' Er, Monsieur Dieskau, schaffe Er mir binnen acht Tagen die Festung, oder ich lasse Ihm den Kopf abschlagen'. Dieskau antwortete: „Ziter und die Schwierinot! Könnten Ew. Majestät die Festung mit meinem Kopf erobern, so wollte ich Ihnen solchen noch heute zu Füßen legen, denn wahrhaftig, ich bin des Gezauderns auch schon satt." — Bei eben der Belagerung sagte der König zu ihm: ‚Dieskau, ich gebe Ihm auch sechs Pfennige, trifft er mir den Turm', und Dieskau bot darauf den Bombardieren einen Friedrichsdor. Den Tag vor der Schlacht berief der König alle seine Generale, und indem er aus dem Zelte trat, sagte er: ‚Messieurs, es fehlt noch an der Hauptperson, dem General Dieskau'. Dieser kam bald. Des Königs Rede: ‚Meine Herren, ich werde morgen schlagen u. s. w.' rührte die Um= stehenden zu Thränen. Darauf wandte sich der König an Dies= kau und sagte: ‚Hör' Er, Dieskau, das Terrain ist besonders für Ihn sehr günstig, und Er muß morgen mit Seiner Ar= tillerie das Beste thun; versteht Er mich?' „Ziter und die

Schwierinot“, antwortete Dieskau mit Schluchzen. Der König
ging in sein Zelt zurück; Dieskau folgte ihm auf dem Fuße
nach und stellte ihm vor, daß durchaus noch so mancherlei
angekauft werden müsse, und wenn er dazu kein Geld er=
hielte, so könne er den Erwartungen Sr. Majestät nicht ent=
sprechen. Personen, die zugegen waren, erzählen, wie man
draußen gehört, daß zwischen beiden im Zelte heftige Debatten
vorgefallen wären und Dieskau mit einem Tone gesprochen
habe, als wenn er geweint, und wie er endlich wieder heraus=
gekommen, den Hut unter dem Arme, mit Gold aus des
Königs Chatulle gefüllt, sei ihm die Perrücke verschoben
gewesen. Der Herzog von Bevern und der General v. Zieten
fanden dabei Dieskaus Aussehen so komisch und verändert,
daß sie sich des Scherzens nicht enthalten konnten und ihn
fragten: ‚Dieskau, hast Du Schläge bekommen?‘ „Ziter und
die Schwierinot!“ antwortete er, „laßt mich zufrieden, Ihr
habt ja gehört, daß der Herr morgen alles schlagen wird“.
Dieskau ritt, mit seinem Schatz unter dem Arme, nach dem
Artillerie=Park und versammelte alle Batterie=Commandeure,
um ihnen, wie der König es gethan, eine Rede zu halten
und das genauere Detail ihrer Pflichten bekannt zu machen;
aber der alte, ehrliche Held verunglückte mit seiner Rede und
konnte weinend nur folgendes herausbringen: „Meine Herren,
der König schlägt morgen; wir sollen das Beste dabei thun
und — Ziter und die Schwierinot! — ich hoffe, daß keiner
von uns ein Hundsfott sein wird“.“

Das hierauf bezügliche „Dieskau=Lied“, welches von den
Mannschaften des Regiments v. Dieskau gern gesungen wird,
möge hier ebenfalls eine Stelle finden. Es lautet:

Als dereinst der große König
Sieben Jahr — das ist nicht wenig —
Kämpfen mußt' ums Schlesier=Land,
Thät des Mannes Wert er wiegen,
Der ihm helfen sollte siegen:
Dieskau hat er drauf ernannt,
Daß er alles kommandiere

Und zum Kampf und Siege führe,
Was zur Artillerie gehört.
Ach! das war ein schweres Stücke,
Denn mit Zopf und mit Perrücke
War die Artillerie beschwert.
Ach, es fehlten die Moneten,
Und die alten faulen Greten
Waren kein'n Schuß Pulver wert.
Dieskau mußte neu erschaffen
Und mit Müh' zusammenraffen,
Mußte seh'n, wo er sich's nahm.
Ach, fürwahr, es war zum Heulen,
Wie mit abgetriebnen Gäulen
Munition zusammenkam.
Doch die Artillerie, die schwere,
Sie bestand mit Ruhm und Ehre,
Spannte alle Kräfte an,
Die Attacken einzuleiten,
Daß bei Roßbach und bei Leuthen
König Friedrich Sieg gewann.
Daß zum Kampf im nächsten Jahre
Dieskau keine Mühe spare,
Mahnte Friedrich immerfort;
Aber Dieskau mußt' dem Helden
Zum Verdruß die Botschaft melden,
Daß es fehle hier und dort,
Pferde, Munition und Wagen.
Doch der König wollte schlagen
Und bestand auf dem Beschluß.
Und bei der Entscheidung blieb er,
„Dieskau ist ein Dröhmer!“ schrieb er,
„Dieskau macht mich viel Verdruß“.
Dieskau mußt's zu schaffen suchen;
Aber redlich thät er fluchen:
„Zeter und die Schwerenot!“ —
Schweidnitz ward dem Feind entrissen,
Olmütz hat man lassen müssen,
Zorndorf brachte Sieg und Tod.
Schweidnitz nahm zum zweiten Male
Dieskau, und zum Generale
Hat ihn Friedrich drauf ernannt.
Doch die alten Kriegsgeschichten
Thun ein Zwiegespräch berichten;
Dieses lautet, wie bekannt:
„Monsieur Dieskau! Nach drei Tagen

Laß ich Ihm den Kopf abschlagen,
Wenn er Schweidnitz noch nicht hat!"
„Schwerenot! Hilft mein Kopf zum Siegen,
Soll er Euch zu Füßen liegen;
Bin selbst des Gezauberns satt!"
Und so blieb er ohne Zagen
Stets in gut' und bösen Tagen
Treu dem König bis zum Tod,
Und sein Spruch war hier auf Erden:
„Keiner darf ein Hundsfott werden!
Zeter und die Schwerenot!"

Auffallend muß es erscheinen, daß der König, der die Ar=
tillerie während des Siebenjährigen Krieges auf drei Regimenter
gebracht und auch dieser Waffe alle Vorrechte und Emolumente
der anderen gegeben hatte, nach dem Kriege der Artillerie
seine Gunst wieder etwas mehr entzog. Eine Erklärung dieser
Erscheinung findet sich in zwei Rundschreiben des General=
inspecteurs v. Dieskau an das Offiziercorps der Artillerie vom
31. Oktober 1768 und vom 27. September 1769. Nach In=
halt dieser Schreiben scheinen die Offiziere der Artillerie sich
nicht gleich in den Friedenszustand gefunden, vielmehr in
ungebundener, freier Art ihr Leben fortgeführt zu haben.
Dieskau fragt, ob es nicht möglich sei, einen jeden Offizier
zu einer ehrbaren und seinem Stande gemäßen Lebensart zu
bewegen u. s. w. Dann fährt er fort: „Jeder wird sich be=
mühen, dahin zu trachten, dem Offiziercorps das ehemalige
Ansehen wieder zu verschaffen und den ehemaligen Glanz
und die Achtung, worin wir gestanden, wieder her=
zustellen. Wie sehr Sr. Majestät gegen uns eingenommen,
davon haben wir in dem letzten Potsdamer Manöver den
klarsten Beweis gehabt, und diese wichtigen Gründe müssen uns
bestimmen u. s. w." Diese eindringlichen Mahnungen scheinen
denn auch ihre Wirkung nicht verfehlt zu haben, denn aus den
noch vorhandenen späteren Ordres des Königs leuchtet unverkenn=
bar eine große Hinneigung zur Artillerie hervor.

Über das Ende des alten Helden ist im Kirchenbuch der
Garnisonkirche zu Berlin, Jahrgang 1777 folgende Angabe zu

lesen: „Den 14. August sind Seine Exzellenz der Herr Karl Wilhelm von Dieskau, Generallieutnant von der Artillerie, an einem Steck- und Schlagfluß in seinem 77. Lebensjahre verstorben, den 17. ohne Parade und den 20. auf großer Parade beigesetzt worden."

Der Trauerzug bewegte sich von des verstorbenen Generals Behausung (in der Dorotheenstraße) nach den Linden, an dem Zeughause und Schloß vorbei, über die Lange Brücke durch die Königstraße in die Spandauerstraße und hier zur Garnisonkirche. Die Reihenfolge war: 1) Sechs Kanonen, bei denselben 4 Offiziere, 4 Unteroffiziere, 48 Mann; 2) ein Bataillon vom Infanterie-Regiment Rammin mit gedämpften Trommeln, gesenkten Fahnen und mit Trauermusik; 3) der Marschallswagen, mit zwei Pferden bespannt; 4) ein Adjutant des Artilleriecorps zu Fuß; derselbe trug den Schwarzen Adlerorden auf einem mit Silber besetzten Kissen; 5) der Leichenwagen, mit sechs schwarzbehängten Pferden bespannt; auf dem Sarge lagen Schärpe und Degen; 6) der Kammerdiener und vier Livreebediente des Verstorbenen; 7) drei sechsspännige Trauerwagen; im ersten saß der Generallieutnant v. Rammin, Gouverneur von Berlin, mit Herrn v. Moltke, einem Anverwandten des Verstorbenen; 8) des Verstorbenen Gala-Equipage, ebenfalls sechsspännig; 9) zehn sechsspännige Karossen, in denen sich verschiedene Generale und Minister befanden; 10) 57 zweispännige herrschaftliche Wagen, besetzt mit Offizieren des Artilleriecorps und der Garnison. Als der Zug vor der Garnisonkirche eintraf, stellte sich das Bataillon ihr gegenüber in Linie auf und gab, während der Sarg in die Gruft gebracht wurde, eine dreimalige Salve. Gleiches geschah von den im Lustgarten aufgefahrenen sechs Kanonen.

Das Paradepferd eines verstorbenen Generals wurde nach altem Brauch dem Kriegsherrn zugeführt. Friedrich der Große schenkte dasselbe entweder einem in der Armee dienenden Verwandten dieses Generals, oder einem andern, besonders in Gnaden stehenden Offizier, dann und wann auch dem Adjutanten des mit Tode abgegangenen Generals. Dieskaus Paradepferd kam seinem Nachfolger, dem Oberst v. Holtzendorff, zu gute.

In der Gruft der Berliner Garnisonkirche ist der Sarg Dieskaus noch jetzt wohlerhalten zu sehen. Ein darauf be= festigter Schild trägt die Inschrift:

Hier

Ruhen die Gebeine

des

Hochwürdigen und Hochwohlgebornen

Herrn Herrn

Carl Wilhelm von Dieskau

Sr. Königl. Majestät in Preußen Wohl

Bestallter General=Lieutnant General

Inspecteur und Chef der sämmtlichen

Artillerie. Wie auch des Schwarzen

Adler Ordens Ritter

Und Amtshauptmann zu Barthen.

Sr. Excellenz sind geboren den 5ten

Febr. 1701 zu Dieskau bey Halleningen

Anno 1722 in die Königl. Dienste getreten

Und haben in denenselben 11 Campagnen

10 Batalien und 9 Belagerungen

Wie auch anno 1738 Einer Campagne

In Hungarn beigewohnet.

Nunmehro

Aber den 14. August 1777

Nachdem Sie Ihr Alter — — — auf

76 Jahre 6 Monate und

10 Tage gebracht an

Einem Steckfluß aus

der Welt

gegangen.

Das Andenken des verdienten preußischen Generals ist auch dadurch geehrt, daß sein Bild am Sockel des Denkmals Friedrichs des Großen in Berlin angebracht ist.

Fürst Radziwill.

———

Ich will das Andenken an den hochverdienten Chef des Ingenieurcorps und General-Inspecteur der Festungen, General der Infanterie Fürsten Radziwill dadurch ehren und in Meiner Armee lebendig erhalten, daß Ich dem Ostpreußischen Pionier-Bataillon Nr. 1 den Namen Pionier-Bataillon Fürst Radziwill (Ostpreußisches) Nr. 1 verleihe. Das Bataillon möge in diesem Beweise Meiner Gnade eine Anerkennung der von ihm bei allen Gelegenheiten mit Treue und Hingebung geleisteten Dienste erblicken und aus ihm einen Ansporn entnehmen, sich mein Wohlwollen auch ferner zu erhalten.

Berlin, den 27. Januar 1889.

gez. Wilhelm R.

An
das Ostpreußische Pionier-Bataillon Nr. 1.

ürst Friedrich Wilhelm Paul Radziwill wurde am 19. März 1797 zu Berlin geboren als ältester Sohn des Fürsten Anton Radziwill. Letzterer war zwölfter Ordinat von Nieswicz und seit 1813 elfter von Olyka; er war vermählt mit der Prinzessin Luise von Preußen, einer Tochter des Prinzen Ferdinand, und durch diese Ehe verwandt mit dem preußischen Königshause. Seit 1815 bekleidete er den Statthalterposten im Großherzogtum Posen und war Mitglied des preußischen Staatsrats. Neben seiner Fachbildung trieb er mit Vorliebe Mathematik und Musik. In letzterer zeichnete er sich so aus, daß man ihn unter die Künstler rechnen durfte. Sein bedeutendstes Werk ist die Musik zu Goethes Faust.

Sein ältester Sohn Wilhelm, der spätere General, wurde mit kaum 16 Jahren (4. September 1813) als Offizier von der Armee dem 3. Armeecorps attachiert und befand sich im Hauptquartier Bülows. Ein Jahr später ward er aggregierter Stabskapitän beim 2. Garde-Regiment zu Fuß, 1815 wirklicher Kapitän beim 1. Garde-Regiment zu Fuß. Er nahm teil an den Schlachten bei Leipzig und Laon, an den Gefechten bei Merxem, Deuren, Soissons, dem Sturm von Arnheim, dem Bombardement von Antwerpen, der Belagerung von Soissons, dem Marsch auf Paris 1815 und erwarb das Eiserne Kreuz 2. Klasse, zu deren Ehrensenioren er später gezählt hat. 1816 avancierte der Fürst zum Major, und wurde als solcher 1821 in das 19. Infanterie-Regiment versetzt. Sein dortiges Haus bildete, namentlich nach seiner Verheiratung mit einer Prinzessin Radziwill, welcher 1832 eine zweite Ehe mit einer Prinzessin

Clary folgte, den Mittelpunkt einer glänzenden und eblen Ge=
selligkeit. 1829 wurde er Oberstleutnant und 1833 als Com=
mandeur des 11. Infanterie=Regiments nach Breslau versetzt.
In demselben Jahre trat er, weil ihm nach dem Tode seines
Vaters die Verwaltung großer Familiengüter oblag, zu den
Offizieren von der Armee über und schied damit vorläufig aus
einer unmittelbaren dienstlichen Verwendung. 1839 übernahm
er, zum Generalmajor aufgerückt, von neuem einen militärischen
Wirkungskreis, indem er zum Commandeur einer Landwehr=
brigade, mit dem Stabsquartier Berlin, ernannt wurde. Im
März 1846 erfolgte seine Beförderung zum Generalleutnant,
sowie die Entbindung von seinem bisherigen Kommando. Nach=
dem er am 6. März 1848 die 6. Division erhalten hatte,
wurde ihm kurz darauf das Kommando der zur Teilnahme am
Krieg gegen Dänemark nach Schleswig=Holstein marschierenden
preußischen Truppen, unter dem Oberbefehl des Generals
v. Wrangel, übertragen.

Am 17. April langte er, begleitet von dem Major Laue
des Großen Generalstabs, der zum Chef seines Stabes bestimmt
war, in Hamburg an und erließ sofort einen Tagesbefehl an
die ihm unterstellten Truppen, in dem er letzteren seine Ernennung
zur Kenntnis brachte und über die vorzunehmende Konzentrierung
der Truppen die nötigen Anweisungen erteilte.

Der Fürst war für eine sofortige, energische Offensive, wo=
bei ihm die Bundestruppen unter General Halkett anfangs nicht
die nötige Unterstützung gewährten. Als er jedoch ein Schreiben
vom Kriegsministerium aus Berlin erhielt, welches seinen Plan
billigte, ja ihn selbst für den Fall, daß General Halkett nicht
schon jetzt beabsichtigte, mit ihm gemeinschaftlich vorzugehen, er=
mächtigte, auf eigne Verantwortung zu handeln, beschloß er,
am 22. April vorzurücken. Nachdem General Halkett vom König
von Hannover autorisiert worden war, ebenfalls anzugreifen,
verfügte er, daß auch die mobile Division des 10. Bundescorps
alle zu Gebote stehenden Mittel aufbieten solle, um sämtliche
Abteilungen so zeitig bei Rendsburg zu konzentrieren, daß sie

bei dem am 23. stattfindenden Vorrücken gegen Schleswig noch verwendet werden könnten.

Inzwischen war dem General v. Wrangel der Oberbefehl über die Truppen in den Herzogtümern übertragen worden. Nach seinem Eintreffen billigte er sofort die vom Fürsten Radziwill vorgelegten Dispositionen. Er versammelte die Offiziere und hielt an dieselben eine begeisterte Ansprache; dann wandte er sich an den Fürsten mit den Worten: „Durchlaucht, ich bin ganz mit dem Plane, den Sie mir vorgelegt haben, einverstanden und habe nichts daran zu ändern; wir werden ihn ausführen, wie er ist. Ich werde mich auch in nichts mischen, wo es sich nur um Details handelt; darin werde ich die Unterbefehlshaber nicht beengen."

Am 23. April kam es zu der für die Dänen unglücklichen Schlacht von Schleswig. Fürst Radziwill traf während derselben mit klarem, ruhigem Überblick die Anordnungen für seine Division und trug dadurch wesentlich zum Siege bei. Auch an dem Gefechte bei Düppel am 5. Juni und mehreren Rekognoszierungen nahm er teil. Seine Leistungen in diesem Feldzuge wurden belohnt durch Verleihung des Ordens pour le mérite; auch die deutschen Fürsten schmückten ihn mit hohen Orden.

Nach dem Frieden fungierte er noch im Jahre 1848 kurze Zeit als erster Kommandant von Torgau; 1849 wurde er zum Commandeur der 2. kombinierten Division bei Halle, 1850 zum Commandeur einer kombinierten mobilen Division bei der Occupations=Armee in Hessen ernannt, und erhielt 1852 das Kommando des 4. Armeecorps. In dieser Stellung wurde er 1853 Chef des 27. Infanterie=Regiments und 1855 General der Infanterie. 1858 vertauschte er das Kommando des 4. mit dem des 3. Armeecorps, in welcher Stellung er von 1859 ab zugleich Militär=Gouverneur der Provinz Brandenburg war.

Nachdem am 1. Juli 1860 General v. Brese als Chef des Ingenieurcorps und der Pioniere den erbetenen Abschied erhalten hatte, wurde dem General Fürsten Radziwill diese Stellung übertragen. Es geschah gelegentlich der Neubildung des Heeres.

Bei diesem Anlaß sollte auch die technische Waffe, an deren Spitze Fürst Radziwill gestellt wurde, eine bedeutende Vermehrung erfahren, und zugleich sollte sie in anderen Beziehungen Umwandlungen unterzogen werden, deren Ausführung mehr einen allgemein gebildeten höheren Offizier als einen Fachmann im engern Sinne für ihre Oberleitung verlangte. Zugleich sollte sie in ihrer äußern Stellung dadurch gehoben werden, daß ein möglichst vornehmer Mann an ihre Spitze trat. Das Ingenieurcorps hat gewiß Veranlassung, dem Fürsten Radziwill ein dankbares Andenken zu bewahren, denn er hat die in dem Corpsbefehl vom 5. August 1860 ausgesprochenen Worte: „Es wird mein Bestreben sein, den alten Ruf des Corps zu erhalten, ihn in dem Geiste, der militärischen Körperschaften vor allem eigen ist und in dem Stillstand und Rückschritt gleichbedeutend wären, nach Kräften zu mehren" — zur Wahrheit gemacht, das Ansehen des Corps in der Armee bedeutend gefördert und die Pionier-Truppe, besonders durch Hebung des rein militärischen Elements, auf eine so hohe Stufe gebracht, daß sie mit Recht den Namen einer Elitetruppe erwarb.

Auf Grund eines Organisationsentwurfs für die Pioniere geschah am 1. April 1861 die Formation der Bataillone zu vier Compagnien. Die bisher sektionsweise in jeder Compagnie verteilten drei technischen Branchen traten jetzt in geschlossenen Compagnien — Fachcompagnien — unter Beibehaltung des früher als notwendig bezeichneten Verhältnisses von $1/4$ Pontonieren, $1/2$ Sappeuren und $1/4$ Mineuren auf, so daß die erste eine Pontonier-Compagnie, die zweite und dritte Sappeur-Compagnien und die vierte eine Mineur-Compagnie wurde; nur für die Kriegsformation erhielten die Compagnien von jeder Sektion eine Anzahl Leute, um bei selbständigem Auftreten allen etwaigen Erfordernissen genügen zu können. Die Errichtung der vierten Compagnien hatte eine Vermehrung des Offizier-Etats um 9 Hauptleute erster Klasse, 9 Premier- und 18 Sekondeleutnants und demgemäß ein gutes Avancement in den mittleren Chargen zur Folge.

Im Jahre 1861 wurden den Pionier-Bataillonen Fahnen verliehen, sie also auch in dieser Beziehung den alten ruhmgekrönten Truppenteilen der Armee gleichgestellt.

Die erschütterte Gesundheit des Fürsten Radziwill nötigte ihn schon im Frühling 1864 zu einem Urlaub auf unbestimmte Zeit, welchem im Frühjahr 1866 der definitive Rücktritt von seiner Stellung folgte. Aus seinen Abschiedsworten vom 24. Mai 1866 sprach der Geist jener bedeutenden Zeit: „Bricht unter den jetzigen Umständen trotz aller Bemühungen der Krieg mit Österreich aus, so wird es dem preußischen Heere und seinem Offiziercorps klar sein, daß es einen Entscheidungskampf um die Größe und den alten Ruhm Preußens gilt. Also nach vorwärts gesehen, dieses Ziel allein mit der andauerndsten Energie im Auge behalten, unter dem alten Feldgeschrei des Jahres 1813! Das Ingenieur-Corps wird keiner Waffe der Armee dabei nachstehen."

Die Schlaganfälle, die den Fürsten betrafen und die nach und nach eine Lähmung der einen Körperseite veranlaßten, wurden die Ursache seines Todes. Er starb am 5. August 1870 zu Berlin.

von Rauch.

Ich habe beschlossen, das Andenken des Generals der Infanterie v. Rauch, welcher sich um die Reorganisation des Ingenieur- und Pionier-Corps und später im Kriege wie im Frieden um die ganze Armee besondere Verdienste erworben hat, dadurch zu ehren und dauernd lebendig zu erhalten, daß Ich dem ältesten Pionier-Bataillon Meiner Armee, dem Brandenburgischen Nr. 3, den Namen Pionier-Bataillon v. Rauch (Brandenburgisches) Nr. 3 verleihe. Das Bataillon hat sich durch sein tapfres Verhalten vor dem Feinde die besondere Anerkennung Meines in Gott ruhenden Herrn Großvaters, des Kaisers und Königs Wilhelm I. Majestät, erworben. Ich vertraue zu ihm, daß es auch Mir mit gleicher Hingebung und Treue dienen und dem berühmten Namen, den zu tragen Ich es gewürdigt habe, stets Ehre machen wird.

Berlin, den 27. Januar 1889.

gez. Wilhelm R.

An

das Brandenburgische Pionier-Bataillon Nr. 3.

Gustav Johann Georg v. Rauch war am 1. April 1774 geboren. Sein Vater, von Geburt Bayer, war damals Ingenieur=Kapitän in braunschweigischen Diensten, trat 1777 in die preußische Armee und wurde in derselben zunächst als mineur capitaine angestellt. Von 1788 ab bekleidete er die Stelle eines Lehrers und von 1798 ab die eines Direktors der Ingenieur=Akademie. Nach Auflösung dieser Anstalt 1806 kam er als Generalmajor und zweiter Kommandant nach Stettin, wurde im folgenden Jahre verabschiedet und starb 1814. Sein Sohn hatte inzwischen, der Neigung des Vaters folgend, 1788, also im Alter von 14 Jahren, als Eleve in der Ingenieur=Akademie Aufnahme gefunden. Dank der gründlichen Vorbereitung, die ihm sein Vater hatte angedeihen lassen, bestand er schon nach zwei Jahren mit guten Zeugnissen seine Abgangsprüfung und wurde am 6. April 1790 zum etatmäßigen Leutnant im Ingenieur=Corps befördert. Nach Schweidnitz versetzt, war er zunächst bei der Landesaufnahme und den Befestigungsarbeiten an der schlesisch=österreichischen Grenze beschäftigt. Als 1794 der durch die dritte Teilung Polens veranlaßte Krieg ausbrach, hatte er sich das Vertrauen seiner Vorgesetzten bereits in so hohem Maße erworben, daß er mit der selbständigen Leitung der Befestigung von Petrikau, mit der Herstellung der Festung Czenstochau und mit Anlegung eines verschanzten Lagers um dieselbe beauftragt wurde. Hierauf zur Feldarmee berufen, wohnte er der Belagerung von Warschau und den Gefechten an der Bzurra bei. Nach beendigtem Kriege wurde er wiederum bei der Landesaufnahme im Gebiete von Warschau verwendet. Seine Leistungen zogen die Aufmerksamkeit des damaligen Chefs des Ingenieur-Corps und Generalinspecteurs der Festungen, Generalleutnants v. Geusau auf sich, der ihn zu seinem Adjutanten berief. Auf den Vorschlag dieses hohen Vorgesetzten wurde er 1802 als Quartiermeisterleutnant in den Generalstab versetzt, 1803 zum Kapitän und 1805 zum Major und Quartiermeister ernannt, gleichzeitig war er dem Oberst v. Kleist, vortragenden Generaladjutanten des Königs, als Hilfsarbeiter zugeteilt. In dieser Stellung bot sich ihm häufig Gelegenheit, mit dem König in persönliche Beziehung zu treten. Auch während des unglücklichen Feldzuges 1806/7 blieb er in diesem Verhältnis. Er gehörte zu denen, die sich bei Ausbruch des Krieges nicht für den Gedanken eines entschiedenen angriffsweisen Vorgehens gegen die französische Armee erwärmen konnten, sondern die Maßregel empfahlen, welche zur Teilung der eignen Kräfte in die am 14. Oktober vereinzelt geschlagenen Heeresabteilungen führten.

Im Frühjahr 1807 wurde er als Chef des Generalstabes dem kombinierten russisch-preußischen Corps beigegeben, welches unter dem General Grafen Kamenskoi in Pillau eingeschifft wurde und bei Neufahrwasser landete, um das von den Franzosen belagerte Danzig zu entsetzen. Am 15. Mai 1807 zeichnete er sich in dem Gesecht bei Weichselmünde so aus, daß ihm der König den Orden pour le mérite verlieh. Nachdem er dann noch eine Zeit lang als Chef des Generalstabes bei dem General v. Rüchel thätig gewesen war, auch dem Gesechte bei Königsberg beigewohnt hatte, trat er in sein früheres Verhältnis im Gefolge des Königs zurück. Dem General v. Scharnhorst zur Hilfeleistung beigegeben, wurde er bei der neuorganisierten Kriegsverwaltung unterm 12. Februar 1809, mit Beibehaltung seiner Stellung im Generalstabe, zum Direktor der 2. Division des Allgemeinen Kriegsdepartements ernannt, erhielt den Immediat-Vortrag beim König in sachlichen Angelegenheiten und wurde unterm 13. Februar 1810 außer der Reihe zum Oberstleutnant, und unterm 14. August 1812 zum Obersten befördert. Als die politischen Verhältnisse die Enthebung Scharnhorsts, der „das

Unglück hatte, dem Kaiser Napoleon in seiner Stellung zu miß=
fallen", von seinen Geschäften, zu denen das Kommando des
Jngenieurcorps gehörte, erheischten, wurde Rauch unter gleich=
zeitiger Beförderung zum General=Quatiermeisterleutnant zum
interimistischen Commandeur jenes Corps ernannt. Der König
sprach die Erwartung aus, daß Rauch „das Allerhöchste Ver=
trauen in der von ihm gewohnten Weise rechtfertigen werde".

Schon früher war er mit Scharnhorst und mit allen den
Männern in ein sehr nahes Verhältnis getreten, die bei der
Umgestaltung des Heeres und den stillen, aber durchgreifenden
Vorbereitungen zur nationalen Erhebung thätig gewesen waren.
Als es sich darum handelte, ihn zum Mitglied der Kommission
zu machen, die unter Scharnhorsts Vorsitz eine Reorganisation
des Jngenieurcorps beraten sollte, hatte dieser über ihn folgendes
geschrieben: „Rauch war früher von dem Oberst v. Massenbach
als ein geschickter, ganz vorzüglich brauchbarer Offizier empfohlen,
hatte im letzten Kriege viele besondere Aufträge mit Zufrieden=
heit des Königs ausgeführt, versieht seine Geschäfte mit seltenem
Eifer und wurde ohne Vorschlag von Sr. Majestät befördert."

Auch jetzt blieb er mit Scharnhorst in steter enger Verbin=
dung, der in ihm nicht bloß den fähigen Untergebenen und Ge=
hilfen, sondern auch einen lieben jungen Freund erblickte.

Beim Beginn der Befreiungskriege trat Rauch in ein ganz
neues Verhältnis, indem er am 1. März 1813 zum Chef des
Generalstabes beim Corps des Generals v. York ernannt wurde.
Seine Stellung war keine leichte, York war ein schwer zu be=
handelnder Vorgesetzter, der alle mit ihm in Verbindung treten=
den Offiziere ohne Wärme und ohne sichtbares Vertrauen empfing.
Daß es Rauch trotzdem gelungen ist, die Anerkennung dieses
„eisigen" Vorgesetzten zu gewinnen, beweist ein Satz aus Yorks
Bericht über das Gefecht bei Königswartha—Weißig am 19. Mai:
„Vorzüglich erwähne ich auch bei dieser Gelegenheit den Chef
meines Generalstabes, den Oberst v. Rauch, dem ich die Ord=
nung, mit welcher der nächtliche Rückzug durch die Defiléen vor
sich ging, ganz besonders zuschreiben muß."

Während des Waffenstillstandes wurde er am 7. Juli zum Generalmajor befördert und nach Scharnhorsts Tode zum Chef des Ingenieurcorps ernannt. In der Zeit, da Gneisenau zeitweise andre Verwendung gefunden hatte, versah er dessen Geschäfte als interimistischer Generalstabschef Blüchers. Auch nachdem Gneisenau die Stelle als Chef wieder übernommen hatte, blieb Rauch auf Blüchers Wunsch in dessen Generalstabe und nahm mit diesem an den weiteren Ereignissen des Krieges teil. Vorzugsweise wurden seine Dienste in Anspruch genommen bei Befestigungswerken und sonstigen in das Ingenieurfach einschlagenden Arbeiten.

Nach der Ankunft der Armee am Rhein wurde General v. Rauch zum König nach Frankfurt a./M. berufen, wo ihm unterm 13. Dezember 1813 bis auf weiteres die Funktionen als Chef des Allgemeinen Kriegs- und Militär-Ökonomie-Departements mit allen damit verbundenen Berechtigungen und Vollmachten übertragen wurden.

Rauch begab sich nun nach Berlin, wurde aber, als er kaum in seine neue Thätigkeit eingetreten war, zu Anfang des nächsten Jahres vom König in das Hauptquartier der verbündeten Monarchen nach Chaumont berufen. Es handelte sich in diesem Moment um den Abschluß eines Waffenstillstandes. Die Verhandlungen, die dieserhalb in Lusigny geführt wurden und an denen auch Rauch als preußischer Kommissarius teilnahm, zerschlugen sich jedoch.

Er wurde nun noch kurze Zeit dem Hauptquartier der großen Armee zugeteilt und nahm noch an den Schlachten bei la Fère-Champenoise und Paris teil. Nach dem Frieden, unterm 3. Juni 1814 erfolgte seine Ernennung zum General-Inspecteur der Festungen. Er begleitete noch den König nach England und kehrte dann nach Berlin zurück, um seine neuen Geschäfte zu übernehmen und die Reorganisation des Ingenieurcorps vorzubereiten.

Noch einmal wurde er aus seiner Friedensthätigkeit herausgerissen. Als nach Napoleons Rückkehr der Krieg aufs neue ausbrach, schrieb ihm der König unterm 15. April:

„Die Festungsbauten am Rhein sind in diesem Augenblick ein Gegenstand von so großer Wichtigkeit, daß Ich die Leitung derselben nur Ihren eignen Händen anvertrauen kann. Sie werden daher ungesäumt nach dem Rhein abgehen und diesem Geschäft Ihre ganze Thätigkeit widmen. Ich verspreche Mir hierbei von Ihren Einsichten die wesentlichsten Dienste und werde mit Vergnügen dem Zeitpunkte entgegensehen, wo Ich Ihre Bemühungen anzuerkennen im stande bin."

Und unterm 5. Mai fügte der König hinzu: „Es ist Mein Wille, daß Sie allein die Verantwortlichkeit für die Festungsbauten am Rhein tragen sollen."

General v. Rauch ließ nun sofort die Herstellung der Festungen Cöln, Wesel, Jülich, Coblenz und Erfurt beginnen und kehrte, als nach Napoleons Niederlage die Grenzverstärkung weniger dringend erschien, gegen Ende des Jahres nach Berlin zurück, um sich nun ganz der Neugestaltung des ihm unterstellten Ingenieurcorps zu widmen. Es handelte sich dabei weniger um das Schaffen neuer Formen, als um die Ordnung verworrener und verwickelter Verhältnisse, sowie um eine Vermehrung der Truppen und um zahlreiche Festungsbauten. An der Herstellung der dazu erforderlichen Grundlagen hatte der Kriegsminister v. Boyen einen hervorragenden Anteil; die Ausführung der Organisation im einzelnen, welche durch eine Kabinettsordre vom 27. März 1816 die königliche Genehmigung erhielt, ward Rauch übertragen. Hiernach erhielt das Corps eine Zusammensetzung aus 3 Brigaden, deren jede außer dem Oberbrigadier aus 72 Offizieren und 3 Pionier-Abteilungen à 3 Compagnien, das ganze Corps also aus 216 Offizieren und 9 Abteilungen bestand.

Die Entwickelung des Ingenieurcorps unter Rauchs General-Inspektion vollzog sich nun folgendermaßen:

Um bei der außerordentlichen Etatsvermehrung alle Offizierstellen mit geeigneten Persönlichkeiten zu besetzen, genehmigte der König den Übertritt von Offizieren andrer Waffen in das Corps. Die Beförderung in jeder Brigade sollte der Regel nach bis zum Kapitän 2. Klasse nach der Anciennität erfolgen, zu den höheren Stellen im Corps aber „die vorzüglichere Brauchbarkeit berücksichtigt werden". Aus dem Grunde mußten sich die Kapitäne 2. Klasse, insofern sie auf weitere Beförderung Anspruch machten, fortan einer Prüfung unterwerfen.

Zur Heranbildung des Offizier-Ersatzes wurde die vereinigte Artillerie- und Ingenieur-Schule an Stelle der 1808 aufgelösten Ingenieur-Akademie gestiftet.

Die Brigaden sowie die Pionier-Abteilungen erhielten fortlaufende Nummern, „eine der Abteilungen aber sollte als Garde-Abteilung benannt und ausgezeichnet werden"; diese bekam rote, die übrigen Abteilungen erhielten schwarze Achselklappen.

Jede Ingenieur-Brigade, der ein Oberbrigadier vorgesetzt war, wurde in zwei Festungs-Brigaden eingeteilt, welche die Benennungen: preußische, brandenburgisch-pommersche, schlesische, sächsische, erste und zweite rheinische Brigade erhielten. Sämtliche Pionier-Abteilungen blieben dagegen nur einem Brigadier mit dem Stabsquartier in Berlin unterstellt.

Die Pionier-Abteilungen wurden zunächst nur zu zwei Compagnien formiert, und die Errichtung der dritten Compagnien wurde so lange ausgesetzt, „als die vorhandenen Mittel solche gestatten würden".

Die zerstreute Dislokation der Abteilungen mußte sich für eine einheitliche Ausbildung und tüchtige Disziplin der Truppen bald als sehr nachteilig erweisen. Eine Kabinettsordre vom 10. Juni 1820 ordnete daher an, daß abteilungsweise je zwei Compagnien in Berlin, Danzig, Stettin, Magdeburg, Glogau, Neiße, Cöln, Coblenz und Saarlouis zusammengezogen und von dort aus nur nach Bedürfnis kleine Detachements in die übrigen Festungen abgegeben werden sollten. Im Jahre 1821 erfolgte die Umänderung der Bezeichnung „Brigade" in „Inspektion". Jede der nunmehrigen drei Ingenieur-Inspektionen bestand sonach aus zwei Festungs- und einer Pionier-Inspektion; erstere behielten noch ihre Provinzialnamen, letztere bekamen die Nummern 1, 2, 3. Den Ingenieur-Inspecteuren wurde die dienstliche Stellung eines Brigade-Commandeurs der Infanterie, den Pionier-Inspecteuren diejenige eines Regiments-Commandeurs verliehen, die Abteilungs-Commandeure traten in die Befugnisse eines detachierten Bataillons-Commandeurs der Infanterie.

Bemerkenswert ist ein aus jener Zeit (5. April 1821) datierender Erlaß des Generals v. Rauch, der die Avancements-verhältnisse im Corps berührt und gegen die Beschwerden einzelner Offiziere über schlechtes Avancement gerichtet ist. „Ich kann nicht unbemerkt lassen", schreibt der General, „daß bei der Organisation des Ingenieurcorps in drei Inspektionen es die ausdrückliche Intention Sr. Majestät des Königs gewesen ist, daß diese gleich verschiedenen Regimenter jedes als ein für sich bestehendes besonderes Ganzes betrachtet werden sollen, damit Allerhöchstdemselben dadurch ein Mittel offen bliebe, mit möglichster Schonung des Rangverhältnisses und des Ehrgefühls der Mehrzahl, dennoch besonders ausgezeichnete Talente und Verdienste durch Versetzung aus einer Inspektion in die andere ausnahmsweise hervorziehen zu können."

Die günstigen Aussichten, welche sich dem Ingenieurcorps durch die große Etatsvermehrung von 1816 eröffnet hatten, wurden 1824 zum Teil wieder vernichtet; denn obgleich die auf dem Corps lastenden Pflichten sich vermehrt hatten und trotz der lebhaftesten Gegenvorstellungen des Generals v. Rauch trat im Jahre 1824 auf Grund der von der „Immediat-Kommission zur Verbesserung des Staatshaushaltes" gemachten Vorschläge eine Reduktion des Offizier-Etats um 3 Stabsoffiziere, 12 Kapitäne 2. Klasse und 3 Sekondeleutnants, im Ganzen um 18 Köpfe ein. Die sämtlichen Pionier-Compagnien erlitten eine Etats-Verminderung von je 1 Unteroffizier, 16 Mann; der Übungs-fonds wurde von 9000 auf 6000 Thlr. verkürzt, und die bisher nur von Stabsoffizieren kommandierten Abteilungen sollten fortan durch Hauptleute 1. Klasse geführt werden. Bald aber trat bei der immer größeren Ausdehnung der damals betriebenen Festungsbauten die Notwendigkeit der Vermehrung des Ingenieur-Personals in einem Maße hervor, daß nach und nach der frühere Bestand wieder angestrebt wurde. Die Zahl der aggregierten Offiziere stieg wieder auf 40, wodurch den dringend= sten Bedürfnissen genügt war. Auch wurden unterm 31. Oktober 1831 die Compagnie=Etats wieder auf 125 Köpfe erhöht, nach= dem bereits im Jahre 1830, infolge der Revolutionen in Frank= reich und Belgien, die kleinen Detachements in den westlichen Festungen Jülich, Wesel, Saarlouis, Mainz und Luxemburg auf 75 bis 125 Mann verstärkt worden waren. Nach Be= seitigung der von Westen drohenden Gefahr wurden jedoch nur die Detachements von Jülich und Saarlouis wieder reduziert, aus denjenigen zu Wesel, Mainz und Luxemburg dagegen drei Reserve = Pionier = Compagnien gebildet; die Weseler Compagnie wurde schon 1836 wieder aufgelöst, während die Mainzer und Luxemburger erst im Herbst 1866 in den neuformierten Pionier= Bataillonen aufgegangen sind. Die Errichtung der Reserve= Compagnien brachte dem Offiziercorps eine kleine Etatsvermeh= rung von zwei Kapitänen und vier Leutnants, außerdem aber wurden dem Corps in demselben Jahre als Kriegs = Augmen= tation 48 Landwehr = Pionieroffiziere bewilligt, „um dem nur nach dem gewöhnlichen Dienstbedarf im Frieden festgestellten Etat die Mittel zur Verstärkung für die Dauer eines Krieges zu sichern".

Im Jahre 1833 erfolgte auch eine Verlegung der vierten Pionier=Abteilung von Cöln nach Erfurt und der siebenten von Coblenz nach Cöln, nachdem schon 1824 die achte Abteilung von Saarlouis nach Coblenz verlegt worden war. Alle diese durchgreifenden Veränderungen geschahen in der Zeit, da General v. Rauch an der Spitze des Ingenieurcorps stand. 1837 trat er von dieser Stellung, die er seit den Befreiungskriegen inne= gehabt hatte, zurück, da ihn der König zum Kriegsminister er= nannte. In seinem Abschiedsgruß hob er hervor, daß er nicht ohne Gemütsbewegung aus dem Geschäftskreise scheiden könne, dem er so lange freudig und mit Liebe vorgestanden. Es ge= reiche ihm aber zur Beruhigung, daß auch die neue Stellung ihm noch Gelegenheit bieten werde, dem Corps das ihm von

jeher gewidmete Interesse fortdauernd zu bethätigen, und daß
der König ihm in der Person des Generals Aster einen Nach=
folger gegeben habe, in dessen bewährte, treue Hand er seine
bisherige Wirksamkeit mit voller Zuversicht auf gedeihliche Fort=
führung übergehen sehen könne.

Die Erwiderungsworte des ältesten Ingenieur = Inspecteurs,
Generals v. Reiche, waren aus dem Herzen des ganzen Corps
gesprochen; sie lauteten: „Eure Exzellenz bildeten mit dem In=
genieurcorps einen engen Verband, dessen Haupt Sie den in
dieser Beziehung so seltenen und langen Zeitraum eines Viertel=
jahrhunderts hindurch zum Stolz und zur Freude dieses Corps
waren. Das Corps verdankt Eurer Exzellenz seine Wieder=
geburt und seine Umgestaltung, sowie seine Erhebung zu nie ge=
ahnter Höhe unter mancherlei recht schwierigen Verhältnissen.
Das Andenken an Eurer Exzellenz Führung und die Verehrung
für Hochdieselben sind im Corps ebenso unvergänglich und
bleibend, als es die Früchte sein werden, die Eure Exzellenz
für dessen Wohlfahrt säeten und pflegten."

Gleichermaßen wie für die Pioniertruppe war Rauchs Wirk=
samkeit hervorragend auf dem Gebiete des Befestigungswesens.
Sein Entwurf für die Landesbefestigung, bereits 1814 ent=
standen, gelangte in den Jahren 1815—1835, zum Teil so=
gar unter seiner persönlichen Leitung, zur Durchführung, indem
er zum Schutz des durch die Freiheitskriege zurückeroberten
Landes im wesentlichen drei Befestigungslinien schuf: im Westen
die Rheinlinie, in der Mitte die Elblinie, im Osten die Oder=
bzw. Weichsellinie.

Es wurden unter seiner Leitung zum Teil ausgebaut, zum
Teil neugeschaffen im Westen die Festungen: Jülich, Wesel,
Cöln, Coblenz, Minden; inmitten des Landes: Stralsund,
Wittenberg, Torgau, Erfurt; im Osten: Thorn und Posen.

Bei den von Rauch ausgeführten Bauten gelangten Ideen
zur Geltung, wie sie schon Friedrich der Große erwogen hatte.
Rauch hat es auch verstanden, zur Durchführung derselben
Männer auszuwählen, wie Aster, Brese, Prittwitz, deren Namen

mit der Geschichte des neupreußischen Befestigungssystems eng
verknüpft sind.

Bei dem allen kam ihm sein scharfes Personalurteil zu statten,
durch welches es ihm gelang, den rechten Mann auf den rechten
Posten zu stellen. Ebenso verfügte er über ein glückliches Gedächtnis, das ihn in den Stand setzte, die Offiziere des ihm
untergebenen Corps bis in die untersten Grade hinab persönlich zu kennen und deren Fähigkeiten und Verhältnisse festzu-
halten.

Durch Wohlwollen und Freundlichkeit erwarb er sich eine
ungemeine Anhänglichkeit, und von allen seinen Untergebenen,
die ihm persönlich nahe traten, gab es keinen, von dem er nicht
verehrt oder wie ein väterlicher Freund geliebt worden wäre.
Keiner aber erkannte seine Verdienste dankbarer an als sein
königlicher Herr.

Unterm 4. April 1817 wurde Rauch zum Generalleutnant,
unterm 30. März 1830 zum General der Infanterie, unterm
21. November 1831 zum Mitglied des Staatsrats ernannt
und, nachdem er schon früher fast alle andern preußischen Orden
erhalten hatte, unterm 18. Januar 1833 durch Verleihung des
Schwarzen Adlerordens ausgezeichnet.

Auch im Ausland fand seine Wirksamkeit Anerkennung. Auf
den Wunsch des Kaisers Alexander von Rußland genehmigte der
König im Jahre 1822, daß der General v. Rauch die russischen
Festungen besichtigen und seine Ansichten darüber abgeben könne.
Auch Kaiser Nikolaus, der als Großfürst und Chef des russischen
Ingenieurcorps früher mit dem General in mehrfacher Beziehung
gestanden hatte und dem er wegen seiner hervorragenden Kennt-
nisse wert geworden war, ersuchte im Jahre 1835 den König,
zu gestatten, daß der General ihn bei der Besichtigung der neuen
Festungsanlagen in Polen begleiten dürfe.

Wie schon erwähnt, wurde General v. Rauch nach dem Tode
des Generals v. Witzleben unterm 30. Juli 1837 zum Wirklichen Geheimen Staats- und Kriegsminister ernannt. Mit
derselben Arbeitsfreudigkeit und Pflichttreue, die ihm in seiner

bisherigen Stellung eigen gewesen war, widmete er sich auch diesem neuen und hohen Berufe. Jedoch nicht lange währte seine Wirksamkeit als Kriegsminister. Schon im Jahre 1838 hatte er eine schwere Krankheit zu bestehen, nach der er nicht mehr die alte Frische zurückgewann. Nur sein unerschütterlicher Wille, seinem König bis zum letzten Atemzug zu dienen, bestimmte ihn, noch auf seinem Posten zu bleiben und den letzten Rest seiner Kräfte dem Dienst zu widmen.

Im Frühjahr 1840 warf eine lebensgefährliche Krankheit ihn von neuem nieder. Er war von derselben noch nicht völlig genesen, als er bei Gelegenheit seines Jubiläums den letzten Beweis der Gnade des Königs erhielt. Derselbe richtete an ihn folgendes Schreiben:

„Sie haben in einer langen Reihe von Jahren und in den wichtigsten Stellungen so viele Beweise von treuer Anhänglichkeit und ausgezeichnetem Eifer für Meinen Dienst gegeben, daß Ich nicht umhin kann, Ihnen Meine aufrichtige Teilnahme bei der Feier Ihres zurückgelegten fünfzigsten Dienstjahres auszudrücken. Um Ihnen ein bleibendes Andenken an diesen Tag zu verleihen, ernenne Ich Sie zum Chef des 1. Infanterie-Regiments, und bin überzeugt, daß Sie hierin den besten Beweis Meiner Anerkennung Ihrer überall mit tiefer Einsicht geleisteten Dienste und Ihrer treuen Ergebenheit an Mich und Mein Haus erblicken werden. Ich wünsche, daß Ihre Gesundheit Ihnen noch lange gestatten möge, in Meinem Dienste thätig zu sein, damit Ich auch ferner Gelegenheit erhalte, Ihnen Beweise Meiner Achtung und Meines Wohlwollens zu erteilen."

Bald darauf wurde der König aus dieser Zeitlichkeit abgerufen.

Noch eine kurze Zeit hielt der Minister v. Rauch sich aufrecht und führte seine Geschäfte weiter, aber schon im November 1840 sah er sich genötigt, den König um einen Urlaub zur Herstellung seiner Gesundheit und im Februar des folgenden Jahres um seine Entlassung aus dem Amte zu bitten, welche

ihm unterm 28. Februar huldreichst gewährt wurde. Schon
am 1. April, seinem Geburtstage, fühlte er die Vorboten des
herannahenden Todes. Am folgenden Tage um 8½ Uhr abends
endete ein Nervenschlag sein ruhmvolles und wirkungsreiches
Leben. Klarheit des Verstandes, Festigkeit des Willens und
eine große Herzensgüte bildeten die Grundzüge seines Wesens;
in der preußischen Heeresgeschichte hat er sich das Denkmal einer
achtunggebietenden Persönlichkeit gesetzt, in seiner Spezialwaffe
sich das Verdienst erworben, das preußische Ingenieurcorps auf
die ihm entsprechende Höhe erhoben zu haben.

Mit ihm ging dahin das teure Haupt einer weitverzweigten
Familie, und besonders tief wurden durch seinen Verlust betroffen
seine edle, würdige Gattin, eine geborene v. Holtzendorff, und
sechs Kinder, von denen bei seinem Tode bereits drei Söhne
als Offiziere im Heere dienten.

Wie hoch auch König Friedrich Wilhelm IV. ihn als Men-
schen, als General und als Staatsdiener schätzte, ergiebt sich
aus einem eigenhändigen Schreiben, das der Monarch der
Dienstentlassungsordre beifügte; dasselbe lautete:

„Mein lieber General!

Ich kann mein offizielles Schreiben an Sie nicht abgehen lassen, ohne es zu versuchen, die allem Offiziellen mehr
oder minder anklebende Kühle, soweit Ich's vermag, durch
einige wenige eigne Zeilen zu erwärmen. Der edle Schritt,
den Sie anfangs dieses Monats gethan, fordert Meine
wärmste Anerkennung, so schmerzlich er mir natürlich auch
sein mußte. Sie sind zu der Überzeugung gelangt, daß Ihre
leider geschwächte Gesundheit Ihnen die Führung Ihres
schweren Amtes nicht mehr mit dem Nachdruck gestattet,
welchen die ernste Gegenwart fordert. Sie wissen aus vielfachen Erfahrungen nur zu gut, wie selten solche Selbsterkenntnis und wie noch seltener die Schritte sind, die solche
Selbsterkenntnis gebietet. Es hat seine eigne Herrlichkeit,
eine lange ehrenvolle Thätigkeit zu beschließen. Die, welche
Sie, mein lieber Rauch, so beschließen, gehört zu den denk-

würdigen und ersprießlichen in unserem Heere, ja Steine und Felsen werden von ihr zur Nachwelt sprechen. Ich hoffe, in der kurzen Zeit unseres Zusammenwirkens Ihnen bewiesen zu haben, daß Ich der Erbe des Vertrauens unseres unvergeßlichen Königlichen Herrn, meines geliebten, verehrten Vaters gegen Sie gewesen bin. Möge Ihnen mein Bildnis, welches diese Zeilen begleitet, ein Pfand meiner alten Freundschaft und tiefbegründeten Hochachtung sein, mit der ich immerdar bleiben werde, mein lieber General,

Ihr

innig wohlgeneigter

Friedrich Wilhelm.

Berlin, den 28. Februar 1841."

In demselben Verlag erschien früher:

Preußische Feldherren und Helden.

Kurzgefaßte Lebensbilder sämtlicher Heerführer, deren Namen
preußische Regimenter tragen.

Als Beitrag zur vaterländischen Geschichte

von

Wilhelm Bußler,
Konsistorialrat, Militär-Oberpfarrer in Metz.

Erster Band.
Gr.-8⁰. Geh. 4 Mark. Geb. 5 Mark.
Prachtausgabe, eleg. gebunden 8 Mark.

Inhalt: Graf Kleist von Nollendorf. — Graf Gneisenau. —
Herwarth von Bittenfeld. — Graf Schwerin. — Prinz Friedrich
der Niederlande. — Freiherr von Sparr. — Graf Barfuß. —
von Grolman. — von Courbière. — Graf Tauentzien von
Wittenberg. — Familie von Borcke. — Keith. — von Winter-
feld. — Großherzog Friedrich Franz II. — von Lützow. —
Fürst Leopold von Anhalt-Dessau. — Prinz Louis Ferdinand
von Preußen. — von Goeben. — von Horn. — Graf Werder. —
Graf Roon. — Prinz Heinrich von Preußen. — von Steinmetz.

Zweiter Band.
Gr.-8⁰. Geh. 5 Mark. Geb. 6 Mark.
Prachtausgabe, eleg. gebunden 9 Mark.

Inhalt: Fürst Karl von Hohenzollern. — von Boyen. —
Prinz Moritz von Anhalt-Dessau. — Herzog Karl von Mecklen-
burg-Strelitz. — Die Grafen Dönhoff. — Graf Kirchbach. —
von Stülpnagel. — Familie von der Goltz. — Graf Bülow
von Dennewitz. — Vogel von Falkenstein. — Herzog Ferdinand
von Braunschweig. — Freiherr Hiller von Gärtringen. —
Markgraf Karl, Prinz in Preußen. — Familie von der Mar-
witz. — Herzog Friedrich Wilhelm von Braunschweig. — von
Voigts-Rhetz. — von Gersdorff. — von Wittich. — von Man-
stein. — Die Herzöge von Schleswig-Holstein. — Graf York
von Wartenburg. — Prinz Friedrich Karl von Preußen. —
von Neumann. — von Alvensleben. — Graf Moltke.

Dritter Band.

Gr.-8⁰. Geh. 5 Mark. Geb. 6 Mark.
Prachtausgabe, eleg. gebunden 9 Mark.

———

Der Verfasser hat sich die Aufgabe gestellt, die Biographien derjenigen Heerführer, nach denen durch Kabinettsordre Sr. Majestät vom 27. Januar 1889 preußische Regimenter ihre Namen tragen, in bündiger, volkstümlicher und das Verdienst der einzelnen Feldherren beleuchtender Weise zusammenzustellen. Dem Verfasser hat dabei schätzbares Material zur Verfügung gestanden, das zum großen Teil aus der Bibliothek des Großen Generalstabs entnommen ist.

Seine Exzellenz der kommandierende Herr General des 16. Armeecorps, bei welchem der Verfasser als Militär-Oberpfarrer steht, hat in Bezug auf das Werk an die ihm unterstellten Truppenteile folgende Verfügung erlassen:

„Mir liegt der 3. Band des vom Militär-Oberpfarrer Bußler verfaßten Werkes ,Preußische Feldherren und Helden' vor. Wie die ersten Bände, so giebt auch dieser 3. Band treffend skizzierte Lebensbilder, die hier um so anregender wirken, als sie die im Volke bekanntesten Helden — Derfflinger — Seydlitz — Zieten — Blücher — umfassen.

Ich empfehle erneut das Werk zur Beschaffung für Mannschaftsbibliotheken und ganz besonders auch den Offizieren, welchen die Unterweisung der Mannschaft in der vaterländischen und Armee-Geschichte zufällt.

Metz, den 7. Februar 1895.

Der kommandierende General
gez. Graf v. Häseler."

Ferner die **Empfehlung in der Militär-Litteratur-Zeitung**, in welcher es u. a. heißt:

„.... Für Militär-Bibliotheken jeder Art ist es wegen seines patriotischen Inhaltes und in gewisser Weise auch als Nachschlagebuch in hohem Grade geeignet .... Daß die vorhandenen Quellen sorgsam und mit kritischer Auswahl benutzt sind, zeigt eine jede Seite, und wer die einzelnen Angaben auf ihre Richtigkeit prüft, wird selten einem Irrtum begegnen.

Von demselben Verfasser erschien ferner:

Aus meinem Kriegsleben.

Zweite Auflage.
Geh. 2 Mark, geb. 2,80 Mark.

„**Militär-Zeitung**", Berlin. Der Verfasser, der während des Krieges 1870/71 Divisionspfarrer bei der 18. Infanterie-Division war, schildert in dem vorliegenden Buche in schlichter und doch überaus ansprechender Weise seine in einem elfmonatlichen Feldzuge erfahrenen Kriegserlebnisse. Da gerade die genannte Division in jener großen Zeit eine außerordentliche Beweglichkeit entwickelte und in einen bunten Wechsel kriegerischer Ereignisse hineingezogen wurde, bietet das Buch Ernstes und Heiteres in reicher Fülle.

Druck der Engelhard-Reyherschen Hofbuchdruckerei in Gotha.